KB275392

삶을 재정비하는 법

삶을 재정비하는 법

다시, 새로운 시작을 위하여

삶을 재정비하는 법

전성민, 김원중 지음

리드잇

지금, 어디쯤 가고 계십니까?
과연, 그 길이 맞습니까?

살다보면 어느 순간, 스스로 의문이 들 때가 있다. 내 경우에는 20대 초반에 한 번, 그리고 직장생활을 10년쯤 했을 때인 30대 중반에 한 번, 그렇게 두 번쯤 그런 고민을 했던 것 같다. (물론 지금도 꾸준히 고민을 하고 있지만.)

20대 초반의 의문들이 '과연, 내가 가려고 하는 이 길이 맞는 걸까?'라는 의문으로 대표되는 미래에 대한 막연한 불안감이었다면, 30대 중반에 가졌던 의문은 '이게 정말 내가 하고 싶었던 일인가?' '제대로 살고 있긴 한 건가?'로 대표되는 그 간의 삶에 대한 의문과 돌아봄이라고 할 수 있다.

나는 두 번째 의문이 들었을 때 과감하게 그 간의 삶을 재정비하고 다시 새출발을 했다.

'이건 아니다'라는 생각이 들었다. 뭘 해도 가슴이 두근거리지 않았고 행복하지 않았다. 일단, 꿈이 사라진지 오래였다. 누구보다도 바쁘게 살긴 했지만 하루를 마감하고 퇴근하는 길이면 '내가 지금 뭐하는 거지'라는 생각이 고개를 쑥 내밀곤 했다. 그럴 때의 헛헛함이란 이루 다 말할 수 없을 정도였다.

"누군들 그렇지 않겠어. 세상에 자기 하고 싶은 일 하면서 사는 사람이 몇이나 될 것 같아? 다들 그렇게 사는 거야"라며 위로하는 사람들도 있었다. (그 사람들은 몰랐을 것이다. 그런 말이 그 때 당시 내겐 전혀 위로가 되지 못했다는 걸.)

그랬다. 나뿐만 아니라 많은 사람들이 자기 자신을 포기하면서 살아가고 있었다. 먹고 사는 문제에 신경 쓴 나머지 항상 '오늘 같은 내일'을 살고 있었고, '나'를 잊은 채 살아가고 있었다.

그렇게 해서 나는 10년 동안 몸 담아왔던 직장을 그만 두게 되었다. 하지만 직장을 다닐 때보다 더 바쁜 생활이 이어졌다. 먼저, 한 달 정도 평소 가고 싶었던 곳들을 돌아다니며 지나온 삶을 되돌아보았다. 박수를 쳐주고 싶을 만큼 잘 한 일들이 있었던 반면, 쥐구멍이 있다면 숨고 싶을 만큼 부끄러운 일도 많았다. 초심으로 돌아갈 필요가 있었다.

여행에서 돌아온 후에는 여행을 하면서 느낀 생각들을 바탕으로 남은 삶에 대한 인생 계획을 다시 짰다. 그리고 다시 새로 태어난다는 의미에서 새로운 이름을 지었다. 지금 쓰고 있는 이름 전성민은 그렇게 해서 탄생한 것이다.

많은 사람들이 나와 같은 고민을 하고 있는 것으로 알고 있다. 그들에게 먼저 똑같은 일을 경험해본 사람으로서 한 마디 조언을 해주고 싶다.

"삶의 무게는 결코 변하지 않는 법이다. 만약 지금 하고 있는 고민이나 의문들을 시원하게 해결하지 못한다면 언젠가는 그것들이 우리를 다시 찾게 될 것이다. 그러니 번거롭고, 귀찮다고 해서 삶이 우리에게 묻는 질문을 애써 피하지는 마라."

그렇다. 살아본 결과, 오늘 하지 않은 고민은 반드시 내일 하게 되어 있다. 자신이 하고 싶은 일을 하고 있는 사람들은 모르겠지만, 그렇지 않은 사람들은 언젠가는 틀림없이 후회를 하게 될 것이란 얘기다. 그러니 더 늦기 전에 자신의 삶을 되돌아보고 정비할 필요가 있다. 그래야만 10년 후, 20년 후 내가 원하는 나, 내가 바라는 나의 삶과 만날 수 있다.

한때 나는 '내 삶은 실패'라고 생각했다. 그래서일까. '뭔가를 다시 시작하기에는 너무 늦었다'는 패배의식에 젖어 있었다. 나 스스로 나를 학대한 것이다. 하지만 삶을 재정비한 후 그것이 얼마나 불필요하고, 잘못된 일인지 깨달을 수 있었다.

살면서 늦었을 때란 없다. 뭔가를 절실하게 깨닫고, 다시 시작하는 그때가 스스로에게는 가장 빠른 때이다.

자, 우리 모두 용기를 내어 다시 시작해보자. 지금, 다시 시작해도 늦지 않다.

10년 후, 20년 후 화려하게 만개할 내 모습을 꿈꾸며, 오늘 내 삶을 다시 재정비해보도록 하자.

CONTENTS

Part 2 어떻게 하면 사람으로부터 편안해질 수 있을까?

Part 3 일하는 방법에 문제가 있다

Part 4 시간을 지배하라

Part 1 마인드가 중요하다

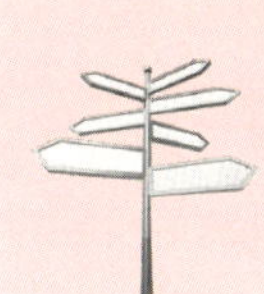

지금까지의 삶을 재정비하라

'과연 제대로 살고 있는 것인가?'라는 의문이 든다면 한번쯤 인생을 되돌아봐라.

운동경기를 보다보면 '하프타임'이나 중간에 '작전타임'이란 것이 있다. 지고 있는 팀이 전술과 조직을 재정비할 수 있는 아주 유용한 시간이다. 이를 통해 역전의 묘미를 맛볼 수도 있기 때문이다.

우리의 삶에도 '하프타임'이 필요하다. 특히 지금까지의 삶이 불만족스럽거나 뭔가 새로운 도전을 하고자 하는 사람들에게는 더욱 더 하프타임이 필요하다. 이를 위해 삶을 재정비할 필요가 있다. 버려야 할 것이 있다면 과감히 버리고, 취해야 할 것이 있다면 그것을 얻을 수 있는 용기가 필요한 것이다.

비행기가 문이 제대로 닫히지 않은 채 이륙했다가 다시 돌아오는 소동이 있었다. 출발 전 반드시 정비를 해야 함에도 불구하고, 누구도 정비를 하지 않았기 때문이다. 만일 문이 아니라 다른 더 중요한 장치가 문제였더라면 심각한 결과가 초래되었을 것이다.

우리 삶도 살면서 정비를 해야 한다. 건강검진을 통해 몸을 체크하듯 연약해진 것은 없는지, 부족한 것은 없는지, 살면서 받은 스트레스와 분주함으로 마음이 강퍅해지지는 않은지, 사랑이 메말라버리지는 않았는지 수시로 점검해야 한다.

그 대표적인 방법이 '버킷리스트(bucket list)'를 만드는 것이다. '버킷리스트'란 죽음을 목전에 둔 사람이 마지막 소원을 말하는 것으로, 중세 혹은 미국 서부 개척기 시대 사람의 목에 밧줄을 끼워 서까래에 매단 후 발을 받치고 있던 양동이를(bucket) 차 버리면 목을 조여 죽게 된다는 'kick the bucket'에서 유래했다.

당신은 어떤 버킷리스트를 가지고 있는가?

많은 사람들이 비슷한 답을 내놓는다.

"지금 당장 그걸 대답하라고요?"

이는 결국 '버킷리스트'를 갖고 있는 사람이 그만큼 많지 않다는 증거다. 사실 대부분은 단 한 번도 이를 작성해본 적이 없고, 그럴 필요성도 느끼지 못한 채 살아간다. 그만큼 팍팍한 하루하루를 살아가고 있는 것이다.

치열한 경쟁사회를 살아가는 현대인에게 '꿈'은 하나의 에너지와도 같다. 따라서 이루고 싶은 크고 작은 꿈을 적어보는 것만으로도 삶을 추스르고 다시 힘차게 나아갈 수 있게 된다.

버킷리스트는 결코 거창하고 위대한 무엇인가를 의미하지는 않는다. 멀지 않은 곳에 내가 꿈꾸고 행복할 수 있는 희망이 기다리고 있을지도 모른다.

당신의 꿈과 살아가는 동안 꼭 하고 싶은 것이나 미루고 싶은 것을 이것저것 따지지 말고 적어라. 헬렌 켈러가 말한 것처럼 "내일이면 귀가 안 들릴 사람처럼 새들의 지저귐도 들어보고, 내일이면 후각을 잃을 사람처럼 꽃향기도 맡아보라." 설령 이루지 못할 꿈이면 어떤가? 그 꿈과 희망을 품고 있는 그 순간만큼은 적어도 행복하지 않겠는가. 마치 복권 마니아들이 월요일에 복권을 구입한 후 일주일을 희망과 설렘으로 사는 것처럼.

자, 이제 생각만 해도 행복한 미소가 지어지는 버킷리스트를 만들어보자.

"희망은 마치 독수리의 눈빛과 같다. 항상 닿을 수 없을 정도로 아득히 먼 곳만 바라보고 있기 때문이다. 진정한 희망이란 바로 나를 신뢰하는 것이다. 행운은 거울 속의 나를 바라볼 수 있을 만큼 용기가 있는 사람을 따른다. 자신감을 잃어버리지 마라. 자신을 존중할 줄 아는 사람만이 다른 사람을 존중할 수 있다."

– 쇼펜하우어 『희망에 대하여』 중에서

지금과 다른 삶을 살고 싶다면

초등학교 선생님이 두 명의 학생에게 똑같은 모양의 통나무와 칼을 주면서 작품을 만들게 했다. 얼마 후 한 학생은 멋진 배를 조각했지만, 다른 학생은 깎다만 나무 조각만 수북이 쌓아 놓았다. 무엇이 이런 결과를 낳았을까.

바로 '생각의 차이'이다. 한 학생은 배를 만들겠다는 분명한 생각을 갖고 나무를 깎았지만, 다른 학생은 아무 생각 없이 나무만 깎았던 것이다.

우리의 인생은 우리의 생각으로 만들어진다. 생각이 분명한 사람은 능동적이고 긍정적인 삶을 살지만, 생각이 불분명한 사람은 반대의 삶을 살기 쉽다.

미국의 자동차왕 헨리포드가 "인생의 성공과 실패는 오직 당신의 생각에 달려있다"고 한 것은 괜한 말이 아니다. 그러므로 자신의 인생을 두고 다른 누군가, 혹은 다른 무엇을 탓하는 것은 어리석은 일이다. 성공적인 인생을 살고 싶다면 나 자신의 생각부터 점검해야 한다.

성공한 사람들이라고 해서 처음부터 가득 채워진 잔을 들고 건배를 외친 것은 아니다. 그들 역시 우리와 똑같이 빈 잔을 가지고 태어났다. 다만, 그들은 그 잔을 채우려고 항상 분주하게 움직였다.

'태초에 빛이 있었다거나', '신성한 알에서 태어났다거나'와 같은 말은 우리에게 어울리는 말이 아니다. '태초에' 모든 걸 갖고 태어났는데, 무슨 노력이 필요하겠는가. 만일 그런 사람들이 있다면 태어난 대로 그냥 살면 될 일이다.

애석하게도 인간은 대부분 약점을 갖고 태어난다. 신이 강점만을 주지 않고 부족한 점을 만든 이유는 분명하다. 다 채워진 잔은 마시면 그뿐이다. 노력할 필요도 없고 그다지 재미도 없다.

도대체 빈 잔을 어떻게 채울 것인가? 이 질문에 '도대체'란 수식어가 따라붙는 걸 눈여겨봐야 한다.

미국 100달러짜리 지폐 초상화의 주인공은 벤자민 프랭클린이다. 그는 과학자이자, 철학자, 정치가, 나아가 '미국의 정신'으로까지 추앙받고 있는 미국의 전설 중 한 사람이다. 그러나 14살 무렵까지 그는 도덕적 결함이 많은 보통 아이에 불과했다. 그 역시 결코 우리와 다르지 않은 평범한 사람이었던 것이다.

14살이 된 그는 '지금과 다르게 살고 싶다'는 결심을 하게 된다. 그리고 그 즉시 '새로운 나를 만들기 위한 계획'을 세웠다.

그는 도덕적으로 완벽해지겠다는 계획을 세웠고, 그것이 가능하다고 믿었다. 하지만 한 가지 잘못을 하지 않기 위해 조심하다 보면 불쑥 생각지도 않았던 데서 실수가 발생하곤 했다. 결국, 그는 늘 정확하고 일관성 있는 행동을 하기 위해 나쁜 습관을 버리고 좋은 습관을 몸에 익히기 위한 방법들을 생각해냈다.

한 성공한 사업가 역시 이와 비슷한 말을 했다. 어떤 사람이 담배를 끊지 못하는 모습을 보고, "성공의 길이 하나 있는데 뭔지 아세요? 나쁜 습관을 버리고 좋은 습관을 채워 가면 되는 거예요"라고 지적한 것이다. 이를 통해 우리는 성공한 사람들만이 아는 노하우가 있다는 걸 알 수 있다.

프랭클린은 '새로운 나를 만드는 계획'의 출발점으로 13개의 덕목을 정리했다. 이어 그 덕목에 맞게 자신이 해야 할 실행 규칙을 몇 가지 덧붙였다. 그리고 철저하게 이를 지켜나갔다.

물론 그걸 따라 하기는 쉽지 않았을 것이다. 하지만 성공한 사람과 성공하지 못한 사람의 차이가 바로 거기에 있다. 성공하지 못한 사람들은 그걸 알면서도 실행하지 않는다. 반면, 성공한 사람들은 자신이 세운 원칙과 기준을 지키기 위해 끝까지 최선을 다한다. 프랭클린은 자신이 세운 규칙들을 엄격하게 지키면서 실행했다. 모르면 모른 대로 살겠지만, 알면서 게으른 건 성공을 방해하는 '죄악'에 지나지 않는다.

이렇게 생각해보자. 우리 삶에서 중요하다고 생각하는 키워드는 몇 개인가. 만약 10개라고 한다면, 거기에 규칙 두 가지씩을 붙이면 20개의 인생 규칙이 생긴다. 그 20개를 매일 지켜나가는 건 어떨까. 못 지키는 게 문제일 뿐. 20개의 공식만으로도 성공의 잔은 넘치도록 충분하다.

프랭클린이 세운 규칙을 보면 재미있는 것들이 눈에 띤다. '배부르게 먹지 말자'라거나 '건강과 잠자리를 위해서만 잠자리를 하자. 몸이 해가 될 정도의 잠자리는 갖지 말자'는 얘기들이 바로 그것이다.

사실 이런 규칙들일수록 지키는 게 쉽지 않다. 하지만 프랭클린은 이 덕목들이 자연스럽게 몸에 배이는 습관이 될 수 있도록 매일매일 노력을 아끼지 않았다.

먼저 그는 한꺼번에 전부를 얻기 보다는 한 번에 하나씩 하는데 집중했다. 첫 덕목이 완성되면 두 번째 덕목을 시작하는 것이었다. 덕목의 나열 순서는 이루기 쉬운 것부터 어려운 순으로 정했다.

첫 덕목에서 실패하면 사람들은 쉽게 포기하고 하기 싫어한다는 걸 이용한 것이다. 이를 감안하면 프랭클린의 방법은 매우 현명했다고 할 수 있다. 다음으로 그가 중요하게 생각한 것은 '점검의 기술'이었다.

"오늘 한 일이 무엇인지, 할 일을 빠뜨린 것은 없는지, 규칙에 어긋난 것은 없는지 등 3가지 측면에서 생각하되, 생각하지 않으면 잠들지 마라."

그는 점검을 위한 수첩을 만들어 하루도 빠짐없이 매일 체크를 했다. 만약 잘못한 게 있으면 검은 점을 찍고 반성했다. 주마다 한 덕목씩 점검했으니 13개의 덕목을 반성하는데 13주가 걸린 셈이다. 그렇게 일 년에 4번에 걸쳐 똑같은 일을 반복했다. 그렇게 한 결과, 몇 년 후에는 점 하나 찍히지 않은 깨끗한 수첩을 가질 수 있었다.

"잡초를 한 번에 다 뽑으려고 하면 매우 힘이 들어요. 한 번에 한 구석씩 뽑고 그 구석이 끝나면 다음 구석으로 옮겨가는 것이 가장 효율적이죠."

그는 수첩에 인상에 남는 잠언들을 기록해 매일 절절한 기도 문구로 삼기도 했으며, 하루를 어떻게 쓸 것인가에 대한 스케줄 표를 적기도 했다. 그의 삶에 낭비란 없었던 셈이다.

훗날 그는 자신이 좋은 습관을 만들었기 때문에 건강했고, 명성을 얻었으며, 사람들이 이야기 하고 싶은 사람이 되었다고 말한 바 있다. 특히 "좋은 습관을 통해 불행이나 시련이 있을 때 이겨낼 힘을 얻었다"고 고백했다.

완벽한 인간이 될 필요는 없다. 그걸 꿈꿀 필요도 없다. 프랭클린이 인정했듯 군데군데 허점이 있는 인간이 오히려 더 매력적인 법이다. 단, 허점이 치명적 약점이 되고, 그 약점을 만드는 나쁜 습관은 반드시 고쳐야 한다.

좋은 습관을 만드느냐, 아니냐는 결국 자신의 삶을 사랑하느냐, 사랑하지 않느냐란 질문과 맞닿아 있다. 이에 대해 프랭클린은 다음과 같이 말한다.

"당신의 인생을 사랑하십니까? 그렇다면 시간을 낭비하지 마십시오. 인생은 오직 시간으로만 이루어져 있습니다."

만약 당신이 어떤 목표를 이루고자 한다면, 어떻게 해야 할까? 다시 프랭클린의 말을 들어보자.

"나쁜 습관을 버리고, 그 자리를 성공에 필요한 좋은 습관들로 채우면 됩니다."

지금과 다른 삶을 살고 싶은가? 지금과 다른 결과를 원하는가? 그렇다면 분명한 것이 하나 있다. 지금과 같은 방식으로는 지금과는 다른 결과를 얻을 수 없다는 것이다. 지금과 다른 삶을 원한다면 지금까지 해왔던 방식이 아닌 전혀 다른 방식으로 접근해야 한다.

삶을 방해하는 요소들을 정비하라

우리는 매일 선택의 문제에 빠진다. '몇 시에 일어날까', '무엇을 먹을까', '버스를 탈까, 지하철을 탈까' 등등…. 점심시간에 수십 가지 메뉴 앞에서 망설이기도 하고, 수백 개나 되는 TV채널을 리모콘으로 오르내리며 무력감에 빠지기도 한다.

이처럼 너무 많은 선택기회는 자유나 권리라기보다 우리의 삶을 속박하는 장애물로 인식되고 있다는 연구결과가 나왔다. 흔히들 여러 가지 '옵션' 속에서 원하는 것을 고를 수 있는 환경은 자유나 권리와 직결된다고 여기지만 정작 선택을 해야 하는 당사자에게 너무 많은 선택기회는 고민을 안겨주고 심하면 속박으로 느껴진다는 것이다.

미국 스탠포드대와 스와스모어대가 갖가지 선택을 둘러싼 문화적 환경에 대한 여러 가지 연구 결과들을 토대로 사람들이 선택기회와 자유 및 권리 사이의 상관관계를 어떻게 인식하고 있는지에 대해서 분석한 적이 있다.

그 결과, 중산층 이상, 대학 졸업 이상의 고학력자들은 다양한 선택기회를 자유나 권리와 연결된 중요한 가치로 여기고 있었다. 이에 반해 비서구권에 사는 사람들이나 서구권에 살지만 노동자 계급에 속하는 사람들은 선택의 가치를 그다지 중시하지 않는 것으로 나타났다. 심지어 무제한적인 선택기회가 짜증스러우며 오히려 주체적인 삶을 방해하는 요소라고 답하기도 했다.

그렇다. 사람들은 지나치게 많은 선택기회 앞에서 무기력해지기도 한다. 바람직한 선택을 했는지 확신이 서지 않고, 심지어 후회하기도 하면서 자기가 선택한 것에 대한 만족도가 떨어지기 때문이다. 선택의 기로에 서서 자신이 좋아하는 것과 타인이나 사회 전체가 좋아하는 것을 비교하고, 선택하지 않은 것에 대한 미련 때문에 감정도 메마르게 된다는 것이다.

연구진은 "이 시대에는 다양한 선택기회가 자유와 권리 증진에 긴요하다는 생각은 고학력 서구인 일부에게만 통용되는 가치가 되어버렸다"면서 "오히려 별로 차별성도 없는 것 가운데서 끊임없이 선택해야 하는 현대인은 감정 둔화, 불안정, 이기심 등을 겪게 되고, 나아가 우울증에 빠질 수도 있다"고 말했다.

우리가 성공하지 못하는 이유, 결혼하지 못하는 이유, 돈을 벌지 못하는 이유는 과연 뭘까? 이 모든 안 되는 이유들을 되게 만드는 비결이 '청소'에 있다면 과연 믿을 수 있을까.

걸레 한 장 때문에 인생이 바뀐 사람이 있다. 『청소력』의 저자 마스다 마쓰히로가 바로 그다. 그는 각종 고민거리들을 깨끗이 청소하면 인생 자체가 바뀐다고 주장한다. 즉, 청소를 통해 사업의 번영, 행복한 가정, 꿈의 실현, 일의 성취 등을 이룰 수 있다는 것이다.

그는 청소를 통해 놓았던 삶의 끈을 다시 잡았고, 인생에 있어서 청소의 중요성을 강조하는 인기 강사가 되었다. 또 그가 쓴 『청소력』 시리즈는 밀리언셀러가 되었다.

그는 삶이 힘들 때, 세상이 불공평하다고 느낄 때 청소를 시작하라고 말한다. 그러면서 경제학자 파레토의 20:80 법칙을 빌려 20%만 남기고 불필요한 80%는 모두 버리라고 주장한다.

청소 하나로 성공한다고 하면 어떤 사람은 매일 빗자루를 들고 다니겠다고 할지도 모른다. "기껏해야 청소 아니냐?"고 말하는 사람도 분명 있을 것이다. 하지만 마스다가 얘기하는 청소력은 방, 즉 장소에 머무르는 것이 아니다.

그것은 당신이 지금 살고 있는 방이 쓰레기장이라면, 당신의 삶 역시 정리되지 않았다는 걸 뜻한다. 곧 청소력은 세상과 마주하는 마음의 태도인 셈이다.

방 안의 불필요한 80%를 버리듯 삶을 방해하는 80%를 버리라는 게 청소력의 핵심이다. 버릴 걸 버려야만 나머지 20%가 빛을 발할 수 있기 때문이다.

삶에 쓰레기가 가득한 사람은 겉모습에서 그대로 드러난다. 그들은 늘 쓸데없이 분주하고, 항상 한 숨을 쉬기 일쑤다. 만나는 사람들이며, 벌여놓은 일들이며, 모두가 교통정리가 안 되어 마치 쓰레기가 넘쳐나듯 어지럽다.

만약, 지금 당신이 사소한 것들에 치여 살면서 고민하고 있다면 쓰레기와 살고 있는 것이다. 그러다보니 정작 중요한 꿈은 쓰레기 더미 속에 파묻혀 있는 경우가 많다. 그렇다고 당장 빗자루를 들라는 얘기는 아니다. 청소를 통해 배워야 할 것은 '기본'이다. 어지럽혀진 삶을 청소할 때 당신은 당신이 마음속으로 간절히 원했던 기본으로 돌아갈 수 있다.

일본 마쯔시다 전기 창업자 고노스께 역시 청소를 중요시했다. 그는 새해가 되면 직접 화장실 청소를 하면서 마음가짐을 다잡은 걸로 유명하다. 회장이 해야 할 아주 중요하고 큰일이 많음에도 불구하고, 그는 매번 화장실 청소를 직접했다. 그 이유는 과연 뭘까. 그의 얘기를 들어보자.

"흐트러진 상태를 바로잡을 수 있는 것이 바로 마음의 청소이다. 더럽다는 것은 곧 방황하고 있다는 것이다. 청소를 하지 않는 사람들은 위태롭고 표류하게 된다. 이와 마찬가지로 더러운 공장에서는 더러운 제품이 생산될 수밖에 없다."

만약, 지금 당신의 방에 쓰레기가 수북하게 쌓여있다면, 그만큼 당신은 삶을 낭비하고 있는 것이다.

고노스케 회장은 '청소는 곧 수양'이라고 얘기한다.

"청소는 그 동안 다른 불필요한 일에 낭비하느라 챙기지 못했던 것과 볼 수 없었던 것, 나아가 보이지 않았던 것을 바로 볼 수 있게 해줍니다. 즉, 청소를 꾸준히 한다는 것은 자기 삶이 나아갈 방향을 알려주는 수양과도 같습니다."

'닦는다'는 말은 마음가짐과 밀접한 관계가 있다. 걸레로 방바닥을 닦기도 하지만, 마음을 닦을 수도 있다. 주변이 깨끗해야, 자신의 삶이 어지럽지 않아야, 진정 자신이 원하는 본업을 찾을 수 있다.

지금 삶이 정리되지 않아서 힘든가. 그렇다면 어지럽혀진 마음을 청소할 빗자루부터 들어라. 청소를 통해 삶의 터닝 포인트를 만들어라.

지금 당신의 삶에서 필요한 것은 20%다. 습관적으로 쌓아둔 나머지 80%는 당신의 성공을 발목 잡는 것들이다. 그 80%를 과감하게 버려라. 인생이 달라질 것이다.

인생은 컬러, 흑백영화로 살지 마라

프로미식축구팀 필라델피아 이글스의 신임 감독 딕 버밀은 슬럼프에 빠진 팀에 새로운 활기를 불어 넣기 위해서 일반인을 대상으로 선수 공개선발 테스트를 실시한다. 이 같은 깜짝 발표에 수많은 미식축구 팬들이 공개선발 테스트에 구름 같이 몰려들지만 결국 테스트 통과자는 단 한 명. 바로 빈스 퍼팔리이다. 하지만 그의 미식축구 경력은 고등학교 1년이 전부였다. 그럼에도 불구하고 그는 자신의 꿈을 이루기 위해서 이글스 트레이닝 캠프에 합류해 프로 선수들과 함께 본격적인 훈련에 참가한다.

영화 〈인빈서블〉의 줄거리다. 영화는 1970년대 중반 미국에서 신화적인 인물로 남은 프로미식축구 선수 빈스 퍼팔리의 실화를 다루고 있다.

퍼팔리는 기업들의 대량 해고로 실업율이 유례없이 높았던 70년대 중반 술집에서 시간제 바텐더로 일하며 근근히 생활했다. 뛰어난 달리기 실력을 지닌 그는 만년 꼴찌 팀인 필라델피아 이글스에서 선수 공개 선발을 실시하자 응시해 30세라는 적지 않은 나이에 늦깎이 신인 선수가 되었다.

남보다 늦은 출발이었기에 뼈를 깎는 노력으로 혼신의 힘을 다한 그는 3년 동안 선수로 뛰며 팀이 슈퍼볼에 오르는데 결정적인 기여를 한다. 그 결과, 그는 당시 삶에 지친 미국인들에게 희망이자 영웅이 되었다.

그의 맹활약 덕분에 팀은 1980년 슈퍼볼에 진출해 우승했다. 그러나 그는 부상을 당해 34세 나이에 은퇴해 3년 동안 뛰었던 팀을 떠나야 했다. 하지만 필라델피아 사람들은 영화 주인공 〈록키〉와 더불어 아직도 그를 영웅으로 기억하고 있다.

퍼팔리는 당시를 기억하며 "살아남기 위해 뛰었다"는 절절한 증언을 하기도 했다.

지극히 평범한 사람이 부지런히 노력하여 인생의 승리를 맛보게 된다는 뜨거운 감동을 담은 영화는 '삶을 포기하지 않으면 누구나 성공할 수 있다'는 메시지를 담고 있다.

창의적인 사람은 항상 긍정적인 생각을 가지고 행동하는 특성이 있다. 또한 자신이 의도한 목표가 있다면 그 목표를 향해 끊임없이 도전하고 실패를 두려워하지 않으며 역경이 닥쳤을 때 그것을 오히려 기회로 삼는다.

아름다운 크리스마스 캐롤 〈화이트 크리스마스〉의 작곡자는 어빙 벌린이다. 그는 정규 교육이라고는 초등학교 2학년을 중퇴한 것이 전부였으며, 음악학교는 근처에도 가 보지 못한 가난한 유태인이었다. 게다가 그는 악보를 그릴 줄도 몰라서 비서가 그의 콧노래를 받아서 악보에 옮길 정도였다고 한다. 이러한 그가 일생 동안 전 세계에서 애송되는 수십 곡을 포함해 800여 곡의 노래를 작곡할 수 있었던 힘은 과연 어디서 나온 것일까.

그것은 한마디로 '작곡이 좋아서'였다. 당연히 처음에는 그의 작품을 누구도 거들떠보지 않았다. 물론 실패작도 많았다. 그러나 그는 실패를 개의치 않았다.

각고의 노력 끝에 수많은 실패작 가운데서 건진 몇 곡의 성공작으로 그는 차츰 인정받기 시작했다. 1929년 경제공황으로 무일푼 신세가 되었을 때는 "잘 됐다. 이제 내가 좋아하는 작곡을 실컷 할 수 있게 되었다"고 생각할 정도로 작곡에 대한 그의 열정은 실로 대단했다.

실패를 두려워하지 않고 긍정적으로 생각하고 노력한 창의적인 사람의 두 번째 예로 세계적인 무용가 이사도라 던컨이 있다.

지금은 세계적인 무용가로 칭송받고 있지만 사실 그녀 역시 결코 천재라고 할 수는 없었다. 가난한 집안의 평범한 소녀로서, 남보다 몇 십 배 노력했을 뿐이다.

그녀는 무용이 신체의 동작 이상의 창의적인 어떤 것이라고 생각했다. 그래서 동작에 그녀만의 창의적인 혼을 담기 위해 끊임없이 연구를 하고 전문 서적을 읽었다.

그리스인의 자유로운 정신을 표현해 보기 위해 그리스 사람처럼 직접 집에서 베를 짜서 옷을 만들어 입기도 했다. 그리고 박물관의 벽화나 조각품에 표현된 그리스인들의 몸짓을 관찰하면서 박물관의 문이 닫히는 시간까지 작품 앞에서 꼼짝 않고 서서 온 정신을 집중하기를 며칠씩 하기도 했다.

이렇게 창의적인 사람은 자기가 도전하고 싶은 한 분야에 대해 실패를 두려워하지 않고 끊임없는 관심을 기울여서 목표한 바를 성취해낸다. 무엇이든 자신의 소질과 적성에 맞는 좋아하는 일을 찾아 매진한다면 이것은 결코 어려운 일이 아니다.

기억하라. 인생은 다양한 경험이 모여서 만든 컬러영화이지 단순한 사실들의 조합인 흑백영화가 아니다. 성공하고 싶다면 보다 더 많은 것을 경험하라. 실패하는 순간, 실패하지 않는 방법을 배우게 될 것이다.

내 안에 숨겨진 '진짜 나'를 찾아라

미국 경제전문지 〈포춘〉지 창간 75주년 특집호에 재미난 기사가 하나 실렸다. 재계와 언론계의 유명인사 25인에게 '오늘의 당신을 있게 한 인생 최고의 조언은 무엇이었느냐?'는 물음과 함께 그에 대한 답을 실은 것이다. 그 중에서도 가장 눈에 띈 것은 제너럴 일렉트릭의 전 회장 겸 CEO였던 잭 웰치의 이야기였다.

잭 웰치는 1980년 당시 폴 오스틴 코카콜라 회장으로부터 '당신 자신이 되어라'라는 조언을 받았다고 한다. 그리고 1년 후 제너럴 일렉트릭의 최연소 CEO 자리에 올랐다. 알다시피, 그 후 잭 웰치는 모든 CEO의 전설이 되었다.

'당신 자신이 되어라.'

바꿔 말하면 '내 안의 숨겨진 진짜 나를 찾아라'라는 말 만큼 강력한 에너지가 함축된 말도 드물다. 그게 말처럼 쉽지 않기 때문이다. 우리는 대부분 자기 자신을 잘 모른다. 나아가 나 자신에 대해서 알려고 노력하지도 않는다. 그저 남이 나를 향해 멋대로 그려놓은 모습에 아무렇게나 색칠된 자신을 진짜 자기인줄 착각하고 살기 일 쑤다.

진짜 나 자신이 누구인지 아는 것은 곧 내 안의 숨겨진 나를 찾는 일이다. 사람은 누구나 '본연의 나', 즉 '내가 꿈꾸는 진짜 나'를 갖고 있다. 하지만 대부분의 사람들은 그것 자체도 의식하지 못하는 경우가 많다.

발레리노가 되기를 꿈꾸는 소년이 있었다.

"빌리, 왜 발레에 흥미를 가졌는지 말해줄래?"

"몰라요. 그냥요."

"춤을 출 때 어떤 기분이니?"

"모르겠어요. 그냥 기분이 좋아요. 조금은 어색하기도 하지만 한 번 시작하면 모든 걸 잊게 되고……. 그리고 모든 것들이 사라져 버려요. 아니, 사라져 버리는 것 같아요. 내 몸 전체가 변하는 기분이죠. 마치 몸에 불이라도 붙은 기분이에요. 전 그저 한 마리 새가 되죠. 마치 전기처럼이요. 네, 전기처럼이요."

영화 〈빌리 엘리어트〉에서 주인공 빌리가 왕립 발레학교에 지원했을 때 면접관과 나눈 대화 중 일부이다.

어느 날, 권투 연습을 하던 빌리는 체육관 한 귀퉁이에서 열린 발레 수업에 우연히 참여하게 되고, 발레의 평화로운 분위기와 아름다운 음악에 흠뻑 매료된다. 발레 선생인 윌킨슨 부인의 권유로 간단한 레슨을 받게 된 빌리는 발레의 매력에 빠져들고, 빌리의 천재성을 발견한 윌킨슨 부인은 빌리에게 전혀 새로운 세상을 열어준다.

하지만 이런 행복도 잠시. 아버지와 형의 단호한 반대에 부딪혀 빌리의 발레 수업은 중단되고 만다. 힘든 노동과 시위로 살아온 그들에게 있어, 남자가 발레를 한다는 것은 수치스러움의 대상이었기 때문이다. 하지만 크리스마스에 자신의 발레 솜씨를 친구들에게 보여주고 싶었던 빌리는 텅 빈 체육관에서 혼자만의 무대를 연출한다.

그때 우연히 체육관을 찾은 아버지는 빌리가 춤추는 모습을 보게 되고, 빌리의 진지한 몸짓에서 아들이 진정으로 원하는 것이 무엇인지 깨닫게 된다. 그때부터 아버지는 빌리의 열성적인 후원자가 된다.

그 후 아버지는 빌리가 왕립 발레스쿨에 들어갈 수 있는 자금을 마련하기 위해 죽은 부인의 유품을 전당포에 맡기기까지 한다.

가난에 찌든 탄광촌의 아이에게 발레리노라는 꿈은 감히 상상할 수도 없는 것이었다. 그러나 빌리는 자신의 몸에서 꿈틀대는 본능을 알아차렸고 현실과 상관없이 그 본능에 충실히 응했다.

누군가 아침마다 어떤 바람, 혹은 기대를 가지고 하루를 시작한다고 하자.

'오늘 일이 잘 되어야 할 텐데. 만약 생각대로 되지 않으면 어떻게 하지. 그런 불상사가 일어나지 않기 위해 최선을 다해야 해. 아, 그런데 나는 언제쯤이면 이런 스트레스에서 벗어날 수 있을까. 언제쯤이면 이 모든 일에서 해방되어 자유롭게 살 수 있을까. 나는 언제쯤 큰돈을 벌거나 편안히 놀면서 살 수 있을까.'

이런 기대로 하루를 시작하는 사람들은 웬만해서는 현실에서 벗어날 수도, 성공할 수도 없다. 비록 최선을 다해 일했더라도 현실에서 벗어나기를 바라는 한 결코 벗어날 수 없다. 자신의 일에 대해 온통 나쁜 감정에 사로잡혀 있기 때문이다.

아무리 하찮은 미물이라도 나쁜 감정을 보내면 돌아오는 것은 뻔하다. 그가 하는 일도 그만큼의 인색함 밖에는 남지 않을 것이 틀림없다. 아무리 열심히 일을 해도 돌려받는 게 뻔한 이유가 바로 그 때문이다. 하지만 좋은 감정을 보낼 수 있는 어떤 일에 몰두해서 하루를 시작한다면 틀림없이 좋은 보상을 받게 된다. 그만한 감정과 사랑을 주었기 때문이다. 그것이 바로 내면과 본능의 소리에 귀를 기울여야 하는 이유이다.

본능은 끊임없이 당신에게 무엇인가 해야 할 일을 가르쳐준다. 무엇을 해야 할 것인가 하는 것은 영감이라는 마음 속의 번득임을 통해 알 수 있다. 영감이 떠오르면 진솔하게 있는 그대로를 받아들여 그것을 충실히 실행하면 된다.

사전에 어떤 계획이 없더라도, 아무 준비가 되어있지 않아도 걱정하지마라. 당신이 할 일은 지금 당장 마음 속의 지시를 따르는 것

뿐이다.

만약 빌리가 춤을 추기보다는 먼 미래에 천천히 무용가가 되기 위한 사전준비나 계획에만 몰두했더라면 그는 결코 왕립 발레학교에 입학하지 못했을 것이다. 아마도 아버지와 형이 일하고 있는 탄광촌 어디쯤에서 발레스쿨이나 기웃거렸을 확률이 훨씬 더 높다.

여행 가방에 더 많은 짐을 넣으려고 할수록 출발은 더 어려워진다. 여행 채비를 모두 마치고도 집 밖을 나서는 걸 아예 포기할 수도 있다.

그렇다. 거창한 계획과 준비에 치밀할수록 첫 발을 떼기는 점점 더 어려워진다. 치밀함과 꼼꼼함 완벽함. 이것들이 과연 우리 삶에 얼마나 도움이 되었던가. 좀 더 본질적인 질문을 스스로에게 한 번 던져보라. 완벽주의가 과연 우리를 얼마나 행복하게 만들었던가. 아마 안전한 삶을 살았을지는 몰라도 행복한 삶을 살지는 못했을 것이다. 또한 가슴이 쿵쿵거리는 삶과는 더더욱 거리가 멀었을 것이다.

많은 부모들이 어린 자녀가 특정한 소질을 보이면 그것을 걱정하곤 한다. 심지어 아이들에게 자신의 욕구들을 극복해야 한다고 말하는 사람들도 있다.

부모들은 아이에게 온전한 사회인으로 살 수 있는 모든 공부가 끝난 후에 아이가 원하는 것을 해도 좋다고 말하곤 한다. 과연 그것이 정답일까.

영화 〈록키〉 시리즈로 유명한 배우 실베스터 스탤론은 여러 영화사를 전전하며 배우가 되려고 했지만 수많은 실패를 맛봐야 했다. 할 수 없이 그는 자신이 직접 영화 〈록키〉의 대본을 써서 주연을 맡는 조건으로 영화사와 계약을 맺었다. 그리고 마침내 영화가 큰 성공을 거두며 세계적인 스타로 거듭났다.

초보자일수록 자신을 있는 그대로 표현하기 위해서는 '용기'를 가져야 한다. 실베스터 스텔론은 배우로서, 시나리오 작가로서 모두 초보였지만 결국 배우와 작가로서 자신을 파는 일에 성공했다. 자신의 욕망이 시키는 일을 하고 있다면 당신은 당신의 길을 제대로 찾아가고 있는 셈이다.

그 다음 반드시 갖추어야 할 자질은 '용감하게 보여주기'이다. 실력이 아무리 좋아도, 제대로 보여주지 못하면 아무 소용이 없다. 모든 창작물은 결국 남에게 보여주기 위해 만들어진다. 체계적으로 관련 분야를 공부하지 않았더라도, 날마다 피나게 갈고 닦지 않아 어눌하더라도, 지금 있는 그대로를 자신 있게 보여주고 설명할 수 있어야 한다. 우유부단함은 창작물 자체를 부정하는 것이다. 어떤 일도 최종적으로 보여주는 사람에 의해 완성되는 것이다.

어떤 일이 이루어지는 이유는 '자기 제한'에 의해서가 아니라 '자기 표현'에 의해서라는 사실을 명심해야 한다.

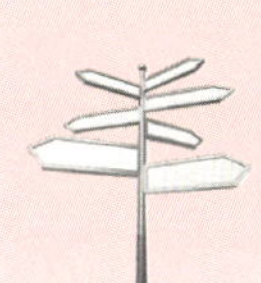

인생의 지름길은 없다

독일 작가 스텐나돌니는 『느림의 발견』이라는 소설을 영국의 실존인물을 모델로 썼다. 주인공은 어려서부터 말과 행동이 너무 굼떠 항상 따돌림의 대상이 되었다. 그러나 이 결점이 그에게는 모든 사물을 보다 꼼꼼하고 치밀하게 들여다볼 수 있는 기회를 만들어 주었다. 그로 인해 훗날 유명한 북극 탐험가가 된다. 어떻게 하면 시공의 벽을 깨부수고 넘나들 수 있을까에 몰두하고 있는 우리들에게 느림의 미학을 일깨워주는 책이라고 할 수 있다.

이 역설적 상황은 한시라도 빨리 목적을 이루기 위해서 개발된 신기술이 우리를 점점 옥죄여 오고 있는 것을 자각하게 만든다. '바쁠수록 돌아가라'는 우리 속담은 '더 느리게 살라'는 경구에 가깝다. 만약 빛의 속도로 달리는 고속열차 안에서 창밖을 보면 무엇이 보일까. 물론 이론적으로는 아무것도 보이지 않는다. 우리는 물체에서 반사하는 빛으로 물체를 인식하게 되는데 벌써 다른 곳으로 옮겼으니 인식할 수 없는 게 당연하다. 속도를 추구하도록 되어 있는 인간이 빨리 가려는 만큼 제대로 보지 못하게 됨을 나타내는 말이다.

알을 깨고 나오는 병아리가 있다. 한 시간, 두 시간…… 한없이 더딘 시간이 지날수록 껍질이 깨져나간다. 손가락으로 살짝 눌러도 금세 깨질 껍질이지만, 병아리에게는 콘크리트 담벼락만큼이나 두꺼운 벽이다. 만약 당신이 병아리가 안쓰러워 한쪽 껍질을 살짝 떼어주면 어떻게 될까. 힘겨운 사투를 벌이고 있는 병아리한테 고마운 일일까.

그렇지 않다. 도움을 받은 병아리는 자신의 힘으로 끝까지 껍질을 깨고 나온 병아리보다 쉽게 병들고 쉽게 죽는다. 혼자 힘으로 힘든 과정을 겪은 병아리가 훨씬 더 자생력이 높기 때문이다.

마음이 바쁘고 감정이 격해 있을 때는 본질을 제대로 파악하기 어렵고, 기껏 일을 진행해도 치명적인 실수를 저지를 가능성이 높다. 이런 때는 "너무 가까이 있지 마라. 그렇다고 너무 멀리 있지도 마라"라는 어느 철학자의 말처럼 적당한 거리를 유지하는 것이 중요하다.

당신의 거리감은 어떤가. 말썽 많은 세상에서 거리를 잘못 측정해 낭패를 본 경험이 있을 것이다. 믿을 수 있는 사람인 것 같아 속내를 드러냈다가 뒤통수를 맞기도 하고, 친하게 굴었으면 떡이라도 하나 더 얻어먹을 수 있는 사람에게 거리를 두어 이득을 얻지 못한 경우도 있을 것이다. 또한 병아리처럼 당신의 섣부른 도움이 도리어 상대에게 큰 피해를 주는 경우도 있을 것이다 . 마찬가지로 어려울 때마다 도움을 주는 사람 때문에 당신의 인생을 망칠 수도 있다.

농부는 파종을 할 때 일정한 간격을 둔다. 씨앗들이 자라 뿌리와 잎을 마음껏 뻗을 수 있는 공간을 확보하고, 땅의 자양분을 흡수하도록 하기 위해서이다.

바쁜 상태에서 모든 것이 혼란스럽고 답이 보이지 않을 때일수록 기본으로 돌아가야 한다. 사안의 본질을 제대로 파악하지 못한 채 빨리 처리하는 것에 얽매여 일을 진행해서는 안 된다.

적당한 거리를 두어라. 조급함은 일을 그르치는 적이다. 바쁠수록 돌아가라. 먼 길을 돌아가는 것 같지만 그 길이 바로 지름길일 수도 있다.

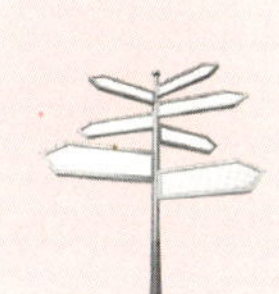

오늘이 마지막인 것처럼 살아라

공자의 제자인 증자가 말했다.

"나는 매일 나 자신을 세 번씩 반성한다. 남을 위해 일을 도모함에 있어 최선을 다했는가? 벗과 교우하는 데 있어 신뢰를 잃는 일은 하지 않았는가? 스승에게 배운 바를 실천하는 데 게으르지는 않았는가?"

증자는 공자가 아끼던 제자 중 한 사람이었다. 그는 평소 공자로부터 '재빠르지 못하고 어리석다'는 말을 들었지만, 훗날 후계자로 인정받아 공자아카데미를 물려받았을 만큼 성실하고 인간관계에도 뛰어났다.

시대는 다르지만 지금도 여전히 성실성, 신뢰성 그리고 실천력은 리더가 가져야 할 중요한 덕목으로 꼽힌다.

내가 속한 조직 내에서 맡은 일에 최선을 다하는 성실함, 즉 충(忠)이 없다면 그 조직의 발전은 기대하기 어렵다. 그 사람의 미래역시 보나마나다. 책임감을 갖고 성실하게 일하는 사람이 많을수록그 조직은 발전한다.

주변 사람들과 인간관계를 유지하는 데 있어 믿음을 지키는 것도중요하다. 신뢰를 받지 못하는 지도자는 조직의 구성원으로부터 지지를 받기 어렵고, 결국 설 자리를 잃게 된다.

논어의 시작이 바로 '학습' 즉 배우고 익히는 것이라는 사실은 참의미가 크다. 배웠으면 이를 익히고 곧 실천에 옮기는 것이야말로개인과 조직 발전의 원동력이기 때문이다.

우리가 옛사람들처럼 하루에 세 번씩 스스로를 뒤돌아보기란 결코 쉬운 일이 아니다. 하지만 자신이 무슨 잘못을 하고 있는지도 모르면서 하루하루를 살아간다는 것은 더 큰 잘못이 아닐까. 행동은하지 않으면서 '꿈은 이루어진다'고 외치는 몽상가와 다를 바 없을것이다.

하루일과를 정해놓고 옆도 뒤도 돌아보지 않고 앞만 보고 내달린다고 해서 무조건 성공이 보장되는 것은 아니다. 또 열심히만 한다고 해서 누구나 인생에서 100% 성공할 수 있을까. 가능성은 높지만마냥 장담할 수만은 없다. 어디에나 변수가 존재하기 때문이다.

불교의 경전에 다음과 같은 이야기가 나온다.

"하루하루가 흘러 한 달이 되고, 한 달 두 달이 흘러 일 년이 되고, 한 해 두 해가 흘러 어느덧 죽음의 문턱에 이르게 된다. 망가진 수레는 갈 수가 없고, 늙어버리면 공부 할 수가 없다. 그런데도 누워서 갖가지 잡념과 게으름을 피운다. 쌓은 공덕이 얼마나 많기에 이토록 허송세월을 하고 있는가? 이 몸은 언젠가는 죽음에 이르게 될 것이다. 다음 생은 어찌 할 것인가. 서두를 지어라, 그대!"

또 한비자는 말했다.

"사람이 높은 산에 걸려 넘어지는 법은 없으나, 의총(蟻塚, 개미무덤)에는 걸려 넘어진다."

우리의 일반적인 생각과 달리, 인생에서 실패를 하게 되는 이유는 결코 원대한 꿈 때문이 아니다. 그보다는 사소한 돌부리에 걸려 실패하는 경우가 훨씬 더 많다.

우리의 뜻대로 되지 않는 것이 바로 인생이다. 인생의 원대한 목표를 세웠다면, 작은 돌부리와 같은 하루하루가 중요하다. 눈에 보이는 돌부리는 피할 수 있지만 풀숲 사이에 몰래 숨어 있는 돌부리들이 얼마나 많은가. 그렇기에 중요한 것이 마음가짐이다.

아무리 철저한 계획을 세우고 노력해도 모든 일이 뜻대로 풀리지는 않으며, 충분히 돌부리에 걸려 넘어질 수 있다는 사실을 명심해라. 즉, 열심히 노력해도 소위 운이 따라주지 않아 실패하는 경우가 종종 있다는 것이다. 이럴 경우 심각한 좌절을 겪게 된다. 자신의 능력을 의심하고, 인생에 대한 회의감에 기가 꺾이기도 한다.

마음가짐을 달리하라. 오늘 당신의 계획은 정말 소중하지만, 어쩔 수 없는 일 때문에 계획한 바를 못 이룰 수도 있다.

실패에 대담해져라. 실패에 주눅 들지 말고 실패를 통해 배워라. 더불어 정확한 목표를 설정하고, 목표를 이루기 위해 가장 효율적인 방법을 찾아 활용하라.

성공한 사람들의 일과에 대해 단편적으로 정의를 내리기란 쉽지 않다. 그들의 시간관리 및 활용은 자신이 처해 있는 환경에 가장 적합한 방식으로 발전했기 때문이다.

예를 들면 현대그룹의 고 정주영 명예회장은 주력사업인 건설업의 특성에 맞게 새벽 4~5시부터 일선에 나가 업무를 시작하고 저녁 9시면 어김없이 취침을 했다고 한다. 반면 6개월이 지나면 최신형 제품도 고물이 되어 버리는 IT 분야가 주력산업인 삼성그룹의 이건희 회장은 일선에서 사업을 챙기는 것보다는 정확한 미래를 구상하기 위해 혼자 사색에 잠기는 시간을 많이 갖거나 다양한 사람들을 만나 그들의 말을 경청하는 시간을 많이 가진다고 한다.

인생은 하루하루가 중요하다. 양파의 마지막은 아무것도 나오지 않지만 껍질 하나하나가 다 중요하게 쓰이듯 우리의 삶 역시 살아보면 아무것도 아니지만 하루하루가 모여서 인생이 되는 것이다. 이에 하루하루 최선을 다해서 살아야만 후회가 없는 것이다.

어떻게 하면 하루하루를 최선을 다해 살 수 있을까. 바로 오늘이 삶의 마지막 날인 것처럼 생각하고 행동하는 것이다. 고 김수환 추기경 역시 "오늘이 삶의 마지막 순간이라고 생각하세요. 그러면 항상 최선을 다하는 삶을 살 수 있다"고 말하지 않았던가.

우리에게 미래가 없다면 어떻게 될까. 오늘 하루를 무기력하게 죽음을 맞이하거나 쾌락 속에 삶을 살아가지나 않을까. 하지만 진정으로 자신을 사랑하고 삶에 대해 고민해본 사람이라면 그 시간을 헛되이 보내지는 않을 것이다. 자신의 삶의 방식에 대해 자신이 만나왔던 사람들에 대해 차분히 생각해볼 것이다.

우리의 삶은 이미 정해진 것도 아니고 누군가에 의해 정해진 것도 아니다. 하루하루는 우리의 노력으로 일구어가는 것이고 우리의 땀과 눈물로 채워가는 것이다. 그러니 오늘 하루도 혼신의 힘으로 노력을 하여 후회 없는 하루를 살아라. 마치 오늘이 삶의 마지막 순간인 것처럼.

욕심과 집착에서 벗어나라

장자의 아내가 세상을 떠나자 친구인 혜자가 문상을 갔다. 문상을 가면서 혜자는 무슨 말로 위로를 할까 고민을 하면서 여러 가지 위로의 말을 준비했다. 그런데 장자를 본 순간, 아연실색하지 않을 수 없었다. 슬픔에 잠겨 있으리라고 생각했던 장자가 조금도 슬퍼하는 기색이 없었기 때문이다. 슬퍼하기는커녕 아무렇게나 앉아서 악기를 두드리며 노래를 부르고 있었다.

기가 막힌 혜자가 장자를 나무랐다.

"여보게, 지금 이게 뭐하는 건가? 아내의 상을 당해 곡을 하지 않는 것도 보기가 좋지 않는데 악기를 두드리며 노래를 부르다니. 이건 너무 심한 것이 아닌가?"

“왜 꼭 울어야만 하지?”

“그럼 자넨 아내의 상을 당하고도 전혀 슬프지 않단 말인가?”

“왜 슬프지 않겠나. 나도 아내가 죽자 마음이 슬프고 편하지 않았지. 그런데 곰곰이 생각해 보니 인간이 처음부터 살아있지는 않았다는 걸 깨달았네. 살아있지 않을 뿐만 아니라 형체조차 없었네. 형체가 없었을 뿐만 아니라 기라는 것도 없었네. 그러다가 시간이 흘러 기가 먼저 생기고 나서 이때부터 형체가 생겼다네. 형체가 생기고 나서 인간의 생활이 시작된 거지. 그 생명이 오늘 갑자기 죽음이라는 곳으로 가버린 것일세. 우리 집사람은 오늘 왔던 곳으로 다시 되돌아갔을 뿐이라네. 그러니 딱히 슬퍼할 건 없지 않겠나?”

『장자』 ‘지락’편에 나오는 얘기다.

세월이 흘러 장자에게도 죽음이 다가오자 제자들은 거창한 장례를 치르려 했다. 이에 장자가 말했다.

“하늘과 땅이 내 널이 될 것이고, 해와 달이 옥처럼 비출 것이며, 별과 별자리도 구슬처럼 빛날 것이다. 온갖 것들이 장례 선물이다. 모든 것이 갖추어져 모자람이 없거늘 무엇이 더 필요하단 말인가.”

이쯤 되면 삶과 죽음을 넘어선 초월의 경지라고 할 수 있다.

장자는 세속적 속박에서 벗어나 우(憂)와 고(苦)가 없는 자유로운 세계에서 유유자적의 생애를 보내려면 어떤 철학, 어떤 인생관을 가지고, 어떻게 살아야 하는가를 깊이 생각했다. 그가 도달한 결론은 이렇다. 무위자연대로 사는 것이요, 명리(名利)를 초월하는 것이요, 욕망을 포기하는 것이요, 소아(小我)에서 벗어나는 것이다.

장자의 목표는 탈속의 대자유인이 되는 것이었다. 이러한 사상을 담은 것이 그가 쓴 명저 『장자』라는 책이다. 그는 자유분방한 상상력을 가지고 유려한 명문으로 그의 사상을 피력했다.

가장 이상적 인간은 어떤 사람일까. 인간이 도달할 수 있는 최고의 경지는 어떤 것일까. 이에 대해 장자는 이렇게 말했다.

"지인무기(至人無己), 신인무공(信人無功), 성인무명(聖人無名)."

장자의 '내편 소요유'에 나오는 말이다. 지인은 지극한 경지, 최고의 경지에 도달한 사람이요, 신인은 신과 같은 높은 경지에 이른 도통(道通)한 사람이며, 진인은 허(虛)와 위(僞)가 없는 참사람이다. 지인은 무기다. 기(己)는 나요, 자기요, 자아다. 무기는 사심(私心)이 없는 것이요, 이기심을 버린 것이요, 사리사욕에 사로잡히지 않는 것이요, 자기욕심을 떠난 것이다.

인간은 '나'라고 하는 조그만 자아의 이기심과 사리사욕에 얽매여서 생각하고 행동하기 때문에 많은 불안과 걱정과 불행과 고뇌가 생긴다. 이기적 소아(小我)에서 벗어나면 인간은 마음이 활달하고 생각이 넓어져서 자유로운 인간이 될 수 있다. 무기는 사심과 사리사욕을 버리는 것이다.

신과 같이 넓고 큰 경지에 도달한 사람은 아무리 훌륭한 일을 하더라도 자기의 공을 내세우고 자기의 일을 자랑하지 않는다.

사람은 저마다 자기의 공을 자랑하고 자기의 이름을 내세우려고 한다. 저마다 자기 PR에 바쁘다. 그리고 남한테 인정과 칭찬을 받으려고 급급해 한다.

하지만 이는 모두 어리석고 부질없는 짓이다. 이러한 어리석고 옹졸한 마음에서 벗어나면 마음이 저절로 자유롭고 활달해진다. 조그만 자아에 집착하지 마라. 대수롭지도 않은 일을 자랑하려고 하지 마라. 이것이 무공이다. 성인은 무명이다. 성인은 아무리 크고 뛰어난 공적을 쌓아도 그 공적에 따르는 명예를 구하지도 않고 자랑하지도 않는다. 자기의 이름을 남기려고 하지도 않는다.

인간은 명예욕의 노예가 되고, 허욕에 사로잡혀서 자기의 이름을 내세우려고 애를 쓴다. 명리에 사로잡히지 마라. 자기의 명예와 이익에 집착하지 마라. 이것이 무명이다.

장자는 삼무(三無)를 강조했다. 기(己)와 공(功)과 명(名)을 버려라. 이기심과 공명심과 명예욕에서 벗어나라. 그리하면 반드시 자유로운 인간이 될 수 있고, 자유로운 인간이 되면 천지자연을 마음대로 소요(逍遙)하면서 유유자적의 활달한 인생을 살 수 있다. 지인, 신인, 성인은 인간이 도달할 수 있는 가장 높은 경지다. 이것이 자유사상가 장자가 도달한 마지막 결론이다.

‘무소유’로 유명한 법정 스님은 입적을 앞두고 수의나 관을 짜지 말고, 사리도 찾지 말며, 장례식도 하지 말라고 신신당부했다고 한다. 스님은 거처하던 강원도 오두막의 대나무 평상 위에 몸을 놓고 다비를 한 후 재는 오두막 뜰의 꽃밭에 뿌리라는 유지를 남겼다. 그래서 특별한 의식 없이 송광사에서 간소한 다비식만 치렀다. 모든 집착에서 벗어나 아무것도 남기지 않고, 가져가지도 않은 '무소유 다비식'이었다.

병이 깊어가던 2008년 5월 하안거 결제 법문에서도 스님은 '버리고 떠나기'를 거듭 강조했다. 덧없는 욕심을 채우려 밥 먹듯 도리를 저버리고, 허례의 성대함으로 생의 성패를 가늠하는 풍조에 쩡쩡한 죽비를 치는 듯하다.

요즘 사람들은 이기적 자아의 노예가 되어 저마다 자기의 명(名)과 이(利)와 욕(欲)에 사로잡혀 동분서주하고 있다. 여기서 우리는 장자의 삼무사상을 우리는 깊이 생각해 볼 필요가 있다. 자기를 보지 못하는 사람은 눈이 먼 사람이다.

모든 것을 소유하고자 하는 사람은
어떤 것도 소유하지 않아야 하며,
모든 것이 되고자 하는 사람은
어떤 것도 되지 않아야 한다.

자신이 아직 맛보지 않은 어떤 것을 찾으려면
자신이 알지 못하는 곳으로 가야 하고,
소유하지 못한 것을 소유하려면
자신이 소유하지 않은 곳으로 가야 한다.
모든 것에서 모든 것에게로 가려면

모든 것을 떠나 모든 것에게로 가야 한다.

모든 것을 가지려면

어떤 것도 필요로 함이 없이 그것을 가져야 한다.

– 법정 스님 『일기일회』 중에서

돈의 노예가 되지 마라

당신이 원하는 삶은 무엇인가?

지금 당신의 삶은 어떤가?

원하는 삶과 현재의 삶 사이에 어느 정도 괴리가 있는가?

만일 원하는 삶을 살지 못하고 있다면, 원하는 삶을 살기 위해 어떤 노력을 하고 있는가?

지금처럼 살면 원하는 삶을 살 수 있다고 생각하는가?

이런 물음에 '예'라고 답을 할 수 있는 사람은 과연 얼마나 될까. 아마 별로 없을 것이다.

돈의 노예가 되지 마라. 잘 사는 것과 행복한 것은 별개의 문제이다.

돈만 있으면 다 되는 세상이라고 한다. 심지어 사랑도 돈으로 살 수 있고, 자식도 돈만 많으면 용되게 할 수 있는 세상이라고 한다. 그렇다면 과연 돈으로 행복도 살 수 있을까.

사람들이 돈에 대해 가지고 있는 믿음 중 하나는 돈이 많으면 많을수록 더 행복할 것이라는 것이다. 더 많은 재산을 가지고 있을수록, 더 많은 연봉을 받을수록 더 행복한 삶을 누릴 수 있을 것이라는 것이다.

사실 이러한 믿음은 어느 정도는 사실에 가깝다. 입에 풀칠도 하기 힘들 정도로 아주 가난한 사람보다는 돈 걱정을 하지 않고 살아가는 부자가 더 행복할 가능성이 높기 때문이다. 하지만 수많은 연구에 따르면, 우리가 가지고 있는 돈이 일정 수준을 넘어서면, 돈이 더 이상 행복을 증진시키는 데 큰 도움을 주진 못한다고 한다. 기본적인 욕구를 충족시킬 정도 이상의 돈은 행복을 증진시키는 데 큰 기여를 하지 못한다는 것이다. 그 결과, 아주 가난한 사람보다는 중산층이 더 행복하지만 부자들이 반드시 중산층에 비해 더 큰 행복감을 느끼며 사는 것은 아니라고 한다.

돈을 많이 벌어서 호화롭게 살면서도 남들에게 손가락질당한다면 그것은 분명 불행한 삶이다. 적게 벌어도 가족, 이웃과 더불어 화목하게 사는 것이 진정한 행복이라는 걸 알아야만 부자가 될 자격이 있다.

우리나라에도 몇 년 동안 부자 열풍과 재테크 열풍이 불었다. 아니, 아직도 여전히 그 열풍이 진행 중이다. 하지만 누굴 따라해서 부자가 되었다는 사람 얘기는 거의 들어보지 못했다. 왜 그럴까.

그 이유는 간단하다. 욕심이 넘쳤기 때문이다.

분수를 잘 알아야 한다. 자신의 능력을 넘어서는 어떠한 욕심도 부려서는 안 된다. 돈은 사람을 기다려주지도 않고 더 더욱 관대하지도 않다. 돈에게 어떤 자비를 기대하고 있다면 그 기대는 싹 잊어야 한다.

자신의 능력만큼만 하면 된다. 그 능력도 계발하지 않아서 평생 다 써먹지도 못하는 현실에서 분수를 넘어선 행동이나 판단은 돈이 당신을 떠나게 하는 최악의 방법다. 만일 당신이 큰 빚을 지게 된다고 해도 아무도 당신을 불쌍하게 생각하지 않는다. 오히려 그 돈을 관리하지 못한 당신을 비난하고 책임이 당신에게 있다고 말할 것이다. 그러니 돈을 벌고 싶다면 분수를 지키고 능력껏 행동하는 원칙이 필요하다.

또 한 가지. 상식적인 수준에서 생각하라. 사업을 한다거나 기업에서 새로운 분야를 추진한다면 모를까 돈에 관한 한 기발한 아이디어는 없다. 아이디어란 남들이 생각하지 않는 것인데 돈은 보수 중에서도 꼴통 보수이기 때문에 상식을 벗어난 아이디어를 결코 허용하지 않는다. 만일 누군가 당신에게 상식을 벗어난 돈 버는 방법을 이야기한다면 그것은 십중팔구 사기꾼이 분명하다. 돈은 나 혼자만 벌고 가지고 싶어 하는 것이 아니다. 다른 인간들, 지구상의 모든 인간들이 다 벌고 가지고 싶어 하기 때문에 나 혼자만 벌 수 있다고 생각하는 것 자체가 이미 넌센스다. 항상 상대적이라는 평범한 사실을 머릿속에 기억하고 있어야 한다.

돈의 노예가 되지 말고 친구가 되도록 해야 한다. 노예는 주인에게 종속되는 것이다. 그러나 친구는 대등한 관계에서 만나는 것이다. 외모와 환경과 빈부의 차이에 개의치 않고 그냥 만나는 것이 진정한 친구다.

돈과는 친구가 되어야 한다. 미국의 월간지 〈글래머〉는 '돈은 살아가는데 필요하기는 하지만 돈이 많다고 해서 더 행복한 것은 아니다'는 연구결과를 소개했다.

돈과 행복이 어느 정도 상관관계가 있다는 사실을 완전히 부인하기는 어렵다. 실제로 휴식을 취하고 추위를 피할 수 있는 집을 마련하는 등 기본적인 의식주 생활과 복지를 위해라도 돈은 꼭 필요하다. 그러나 호프대학의 데이빗 미어스 박사는 그의 저서 『행복의 추구』에서 사람들은 돈을 벌면 벌수록 그들이 '살 수 있는' 행복의 양은 더욱 줄어든다고 했다.

그의 조사결과에 따르면 극빈층의 72%가 전체적으로 삶이 '만족스럽다' 혹은 '매우 만족스럽다'고 대답한데 비해, 최고 부유층은 겨우 14%만이 같은 대답을 했다고 한다.

돈과 행복이 정비례하는 것이 아니라는 증거는 또 있다.

미어스 박사는 그의 조사결과를 토대로 "미국인의 구매력은 두 배 늘었지만 행복에 대한 사람들의 느낌은 거의 같은 수준에 머물고 있다"고 말한다. 나아가 "많은 돈은 사람들에게 주위 환경을 통제할 수 있고 바꿀 수 있다는 자신감을 주기는 하지만 행복에 더 직접적으로 영향을 미치는 것은 인간관계, 정신적 상태와 감정 같은 것들"이라고 지적하며 "행복을 구하는 사람들은 은행계좌를 늘리는데 신경을 쓰기보다 인간관계나 자기감정들에 더 충실하라"고 조언했다.

삶의 폭풍우를 피하는 법

한 가수가 있었다. 하루는 너무 컨디션이 좋지 않아 노래 부르는 걸 포기하고 싶다고 담당자에게 말했다. 하지만 크게 기대하지는 않았다. 왜냐하면 그 전까지 많은 사람들이 자신의 컨디션과 상관없이 자신들의 생각만 강조했기 때문이다. 이번에도 그걸 각오하고 한 번 해본 말이었다. 헌데 뜻밖의 말이 전해졌다.

"아, 그렇군요. 정말 컨디션이 안 좋아 보이네요. 일단 푹 쉬는 게 좋을 것 같습니다."

그는 가수와 논쟁하기보다 따뜻한 마음과 배려로 그녀의 마음을 꼭 감싸주었다.

"이런, 제 마음이 다 아프군요. 오늘 밤은 노래를 부르지 않는 게 좋겠습니다. 취소합시다. 무리해서 노래를 불러 인기가 떨어지는 것보다 2천 달러의 계약을 취소하는 편이 훨씬 낫습니다.”

그러자 그 가수는 오히려 미안했던지 다음과 같이 얘기했다.

“조금만 있다가 한 번 더 와주세요. 5시쯤에는 출연할 수 있을 지 없을 지 알 수 있을 테니까요”라고 했고, 결국 그날 밤 무대에 출연했다.

이는 설득하기 어려운 상대를 설득하는 비법 중 하나로 상대의 마음을 ‘동정’하는 전략의 대표적인 예이다.

위 얘기의 가수처럼 누구나 컨디션이 마냥 좋을 수만은 없다. 왜 원숭이도 나무에서 떨어질 때가 있다고 하지 않던가. 1년 365일이 마냥 활기찰 수는 없다. 맑은 날이 있으면 흐리고 폭풍우가 치는 날도 있는 법이다. 그럴 때 위 얘기마냥 한번쯤 자기 자신을 동정해보자.

컨디션이 좋지 않은 날은 아침부터 유독 몸이 무겁다. 잠을 푹 잤는데도 피곤이 어깨를 짓누른다. 아침에 컨디션이 좋지 않으면 하루가 불안하다. 뭔가 엉뚱한 데서 일이 터질 것만 같고, 평소 안 하던 실수를 할 것만 같다. 기분 역시 이상하게 찜찜하다.

이런 날은 큰 이익을 추구하기보다 손실을 최소화하는 전략이 필요하다. 사소한 다툼이 큰 다툼으로 벌어질 가능성이 크기에 가급적이면 말수를 줄이고 몸을 사려라. 반드시 오늘 중으로 결정을 지어야 하는 업무가 아니라면 가급적 결정을 내일로 미루는 것도 현명한 방법이다. 업무와 관계된 미팅도 최대한 횟수를 줄이고, 얼른 퇴근하는 것이 당신뿐만 아니라 다른 이에게도 좋다.

직장에서 교묘히 위기를 잘 빠져나가는 상사를 보며 당신은 이런 말을 한 적이 있을 것이다.

"눈치 코치 9단에 냄새 맡는 데는 따라올 자가 없어."

그와 같은 상사의 행동 패턴을 살펴보라. 분명 지혜롭게 삶의 폭풍우를 피하는 모습을 볼 수 있을 것이다.

오늘 컨디션은 어떤가. 만약 좋지 않다면 굳이 없는 힘을 낼 필요까지는 없다.

공성(攻城)보다는 수성(守成)이 어려운 법이다. 하루의 계획이 중요한 만큼 계획을 실행하는 것도 중요하지만, 그 계획의 결과가 어떻게 나타날지 현명하게 판단해 몸을 사리는 것 역시 중요하다.

Part 2 어떻게 하면 사람으로부터
편안해질 수 있을까?

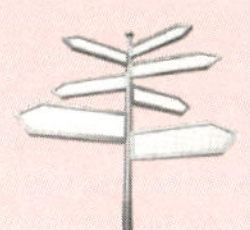

더 나은 나를 만들고 싶다면
'최고의 적'을 만들어라

성공하고 싶은가. 그렇다면 경쟁상대를 만들어라. 그러면 경쟁심 뿐만 아니라 목표가 생겨 삶에 더 집중할 수 있고 성취감도 맛볼 수 있을 것이다. 이 말에 공감하지 못하는 사람도 있을 것이다. 하지만 『라이벌 리더십』이란 책까지 나온 걸 보면 선의의 경쟁심을 자극하는 맞수는 서로의 발전을 위한 긍정적 요소임이 분명하다.

『삼국지』의 주인공 유비와 조조, 로마시대 삼두정치를 편 카이사르와 폼페이우스는 물론이고, 1970년대 초반 한국의 대중음악계를 용광로처럼 달궜던 남진과 나훈아 역시 라이벌을 통해 발전을 이루며 한 시대를 풍미했다. 축구에서도 스페인 프로축구 발전의 근간을 이룬 레알 마드리드와 FC 바르셀로나의 엘 클라시코 더비, 이탈리아 세리에A의 AC밀란과 인테르 밀란의 밀란 더비, 잉글랜드 프레미어리그의 맨체스터 유나이티드와 리버풀, 첼시의 라이벌전 등은 리그에 활력을 불어넣는 영양제 역할을 톡톡히 하는 것으로 유명하다.

사람은 경쟁자가 있어야 발전한다. 공부하는 학생은 물론 운동선수 역시 자신과 필적하는 상대방이 있으면 능력과 기량이 한층 더 발휘될 수 있다. 한국 야구를 빛냈던 선동열과 최동원은 대표적인 경쟁자로 꼽힌다. 국내 프로야구는 그들이 있었기에 한층 더 흥미진진했고 지금과 같이 발전할 수 있었다.

라이벌은 비단 개인적인 측면에서만 있는 것은 아니다. 조직이나 팀 역시 마찬가지다. 국내 프로농구가 초창기에 한창 인기를 끌 수 있었던 것은 삼성과 현대라는 뚜렷한 경쟁상대가 있었기에 가능했다. 두 팀 간의 경기는 항상 팽팽한 접전을 이뤘고 수많은 팬들을 몰고 다녔다.

혼자 일하지 말고 트레이닝 파트너, 경쟁상대를 만들어라. 우리 안에 내재된 힘, 어쩌면 영원히 사용해보지 못할 힘까지도 마구마구 솟아나올 수 있을 것이다. 단, 트레이닝 파트너를 정할 때는 빌 게이츠의 다음 말을 참고해라.

"낙오자와 어울리면 당신도 낙오자가 된다!"

경쟁상대는 가능하면 자신보다 더 탁월하고 뛰어난 사람으로 해야 한다는 말이다. 그래야만 당신도 탁월한 사람이 될 수 있기 때문이다.

지금 당신에게는 적이 있는가. 최고의 경쟁상대가 있는가. 잠깐의 휴식을 취하는 와중에도 머릿속에서 열심히 공부하고 일하고 있을 누군가의 모습이 떠올라 제대로 쉬지 못하게 하는 사람이 있는가.

적이 없는 불행한 인생을 살지 마라. 세상 사람 모두가 친구라고 말하는 사람은 일찌감치 머리를 깎고 종교 분야에 뛰어드는 게 성공할 가능성이 높을 것이다.

최고의 동료는 최고의 적이다. 적을 만들어 하루하루를 신선한 긴장감에 휩싸여 보내라. 또한 적을 시기하라. 시기와 질투심을 아예 버릴 수는 없다. 마음껏 시기하고 질투해도 좋다. 시기와 질투는 올바르지 못한 행동을 유발할 때 문제가 생기는 것이다. 시기와 질투가 정신을 고양시킨다면 시기와 질투는 최고의 효과적인 수단이다.

당신의 머릿속에 누군가의 모습이 희미하게 윤곽을 그리고 있을 것이다. 그는 회사에서 당신보다 능력을 인정받는 사람일 수도 있다. 퇴근 후 당신이 녹초가 되어 맥주 한 잔으로 시름을 달래거나 집으로 향할 때, 활기차고 얄미운 발걸음으로 자기계발을 위해 도서관으로, 학원으로 향하는 누군가일 수도 있다. 그의 모습을 머릿속에 선명하게 각인시켜라. 그리고 그와 경쟁하라. 확고한 경쟁상대가 생길 때 성취욕은 백 배 천 배 높아진다. 누군가를 닮고 싶고, 누군가를 뛰어넘고 싶은 욕망이 없는 노력은 쉽게 사위는 불꽃이다. 불꽃이 높게 타오르려면 바람이 불어야 한다. 그 바람에 당신의 불꽃이 꺼질 수도 있지만, 불꽃이 맹렬히 타오르고 싶다면 두려움을 떨쳐버리고 바람을 맞아야 한다.

지금보다 더 나은 삶을 원하는가? 나아가 직장에서 성공하기를 원하는가? 그렇다면 직장 안에 최고의 적을 만들어라. 나의 열정과 목표의식을 불태울 수 있는 경쟁상대가 있어야만 앞으로 나아갈 수 있다.

세상과 충돌을 피하고 싶다면 머리 숙이는 법을 배워라

미국의 독립선언서 초안을 작성한 위대한 정치가이자 사상가 벤자민 프랭클린이 젊은 시절 겪었던 일이다.

이웃집에 들러 급한 용무를 보고 밖으로 나가려는 순간, 누군가의 다급한 소리가 들려왔다.

"머리를 숙여요!"

그러나 이미 이마를 문틀에 부딪친 후였다. 잠시 후 별이 번쩍거리는 고통 속에서 한 노인의 점잖은 충고가 들려왔다.

"젊은이, 자네가 세상을 살아갈 때 머리를 자주 숙이면 숙일수록 그만큼 위험한 충돌을 모면할 걸세."

그 후 프랭클린은 노인의 말을 평생의 교훈으로 삼았다.

1953년 5월 29일 에드먼드 힐러리는 네팔인 세르파 텐징 노르게이와 함께 에베레스트 산을 세계 최초로 정복했다. 하지만 힐러리와 노르게이 가운데 누가 먼저 정상에 발을 디뎠는지를 놓고 많은 의혹이 제기되곤 했다. 정상에서 찍은 사진에는 노르게이 밖에 나오지 않았기 때문이다.

이에 대해 두 사람은 침묵으로 일관했다. 두 사람 중 어느 누구도 자신이 세계 최초라고 주장하지 않았다.

힐러리는 항상 "노르게이와 나는 한 팀으로 함께 정상에 올랐으며, 모든 영광을 노르게이와 함께 하겠다"고 말했다. 하늘아래 가장 높은 곳에 맨 처음 오르고도 가장 낮고 겸손한 마음을 가진 사람이었던 것이다. 그의 이런 따뜻한 마음은 행동으로 이어져 열악한 네팔의 셰르파를 돕기 위한 재단을 설립하여 수백만 달러를 모금해 병원과 학교를 지었다.

잘난 사람과 못난 사람의 차이가 있다면 그 차이는 겸손일 것이다. 항상 자신을 낮춤으로써 자신에 대해 존경심을 외부로부터 불러오게 하는 것이다.

겸손은 존경이라는 아름다움을 창조한다. 우리 조상들은 자신을 스스로 낮춤으로써 오히려 품위를 높여 왔다.

겸손은 첫째 나를 낮추는 겸손, 둘째 상대를 높이는 겸손, 셋째 자기를 이기는 겸손으로, 낮출수록 커지는 삶의 지혜라고 할 수 있다.

겸손한 사람은 자신에 대해서 자신감과 책임감을 함께 가지고 있다. 요즘처럼 이기적이고 자기중심적인 생각과 행동을 하는 시대 꼭 필요한 덕목인 것이다.

우리 주변에는 잘난 사람이 너무도 많다. 혹시 당신도 그 잘난 사람 중 한 명이라고 생각하고 있는가.

우리나라 성인의 80% 이상이 자신이 남들보다 똑똑한 30% 안에 속한다고 믿는 현실에서, 당신은 심각한 착각 증세를 보이고 있는 50%가 아니라 30% 안에 속하는 사람일 수도 있다. 그러나 나는 거드름을 피우는 당신에게 이렇게 말해주고 싶다.

"너무 잘나 보이려고 노력하지 마라. 사람들은 잘난 척하는 사람을 혐오한다. 완벽함을 지나치게 내세우면 결국 다 잃고 무일푼이 되고 만다. 반대로 자신을 나타내는 데에 인색하면 그 가치는 더욱 높아진다."

남에게 잘난 체하고 고상한 척 노력하는 사람들은 자신이 품위 있는 지식을 지닌 뛰어난 존재라고 누군가를 붙들고 자랑을 늘어놓고 싶어 안달을 부린다. 이러한 부류에 속하는 바보는 마치 그것이 종교의식이라도 되는 냥 그럴듯한 얼굴을 들고 우쭐대며 돌아다닌다. 다른 사람들도 모두 자신의 지적 능력에 대해 박수를 쳐주는 관객으로 밖에 생각하지 않는다. 결국에는 제 무덤을 파는 것밖에 되지 않는다.

테레사 수녀가 인도의 가난한 마을에서 다친 아이들의 상처를 돌보고 있을 때였다. 그녀의 봉사가 못마땅하던 지역의 유지가 거드름을 피우며 물었다.

"수녀님, 당신은 나처럼 잘 살거나 높은 지위를 가진 사람, 편안
하게 사는 사람들을 보면 정말 부러운 마음이 하나도 안 드십니까?
정말 당신은 지금 그런 삶에 만족하세요?"

그러자 테레사 수녀가 미소를 지으며 답했다.

"허리를 굽히고 섬기는 사람에게는 위를 쳐다볼 시간이 없답니
다."

테레사 수녀의 말에 유지는 부끄러워 더 이상 자리에 있지 못하
고 줄행랑을 쳤다고 한다.

내가 행복하고 잘났다고 생각할 때 오히려 더 많은 사랑과 호의
를 얻도록 노력하라. 나의 호의를 통해 다른 사람의 호의적인 의견
을 얻을 수 있도록 노력하라. 호의를 베푸는 일은 모든 것을 원활하
게 만들어준다. 용기, 성실, 학식, 경제력 등이 반드시 좋은 성품을
만드는 것은 아니다.

항상 겸손하라. 당신 자신을 항상 존중하고 타인에게 한없이 낮
출줄 아는 사람이 되어라.

자기 자신에게 엄격하라

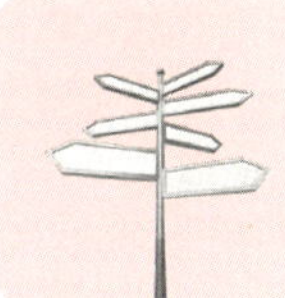

고대 중국인들은 한 가지에 지나치게 빠지는 것을 늘 걱정했다. 그러나 자신에게 만은 아무리 엄격해도 손해 볼 일이 없다고 말하곤 했다. 『채근담』이 그 대표적인 지침서이다.

'남의 잘못은 관대하게 대하라. 그러나 자기의 잘못에는 엄격하지 않으면 안 된다. 자기의 괴로움은 이를 악물고 참아내라. 그러나 타인의 아픔은 지나치지 마라.'

남의 잘못을 뼈아프게 지적하는 사람들이 많다. 그러나 그런 사람들일수록 스스로 엄격하지 못하고 관대한 경우가 많다.

성공한 사람들 중 자신에게 엄격하지 않은 사람은 거의 없다. 그만큼 엄격한 자기관리는 필수이다.

이 시대 수많은 청춘들이 최고의 멘토로 꼽는 안철수 교수 역시 자신에게 엄격하기로 유명하다. 다른 사람은 따뜻하게 대하면서도 자신에게 만큼은 엄격했던 그의 삶의 태도는 많은 사람들에게 감동을 주었다.

그는 자신에게만은 유독 비타협적이고 엄격한 기준을 내세웠다. 자기 내면에 엄정한 기준을 가지고 세상을 만났다. 그의 성공이 빠르지는 않았지만 그 생명이 얼마나 길 것인지, 그 힘이 얼마나 거대하고 지속적일 것인지 알 수 있는 이유다.

자신에게 엄격한 사람이 되기 위해선 어떻게 해야 할까.

첫째, 박수에 현혹되어서는 안 된다. 박수를 다른 말로 하면 '인기'라고 할 수 있다. 인기는 사람을 살릴 수도 있지만 죽일 수도 있다. 다른 사람들로부터 박수를 받으면 나도 모르게 자만심이 생기고, 이는 자신을 엄격하게 바라보지 못하게 만든다. 결국 인기 때문에 실패하고 죽을 수도 있다.

둘째, 다른 사람과의 약속시간을 지키는 것은 자신에게 엄격함을 지키는 기본이다. 다른 사람과의 약속도 지키지 않는 사람이 자신과의 약속을 지킬 리 만무하다. 다른 사람과의 약속을 지키지 않으면 도덕적으로 비난받지만 자신과의 약속을 지키지 않으면 아무런 제재가 없다. 그러니 자신과의 약속을 지키기 위해서 먼저 다른 사람과의 약속을 철저히 지켜나가는 연습을 해야 한다.

셋째, 다른 사람의 실수나 잘못은 용서하되 자신의 과오는 용서하지 마라. 남의 잘못은 웃으며 넘기되 자신의 잘못은 곱씹어봐야 한다. 남의 잘못을 용서했으니 나의 실수도 용서하자고 해서는 절대 안 된다. 나는 그가 아니다. 남의 실수를 용서해야 하는 것은 용서 이외에 다른 방법이 없기 때문이다. 나의 잘못에 대해서는 용서 말고도 다른 방법이 있지 않은가. 그것은 바로 다른 사람들에게 내 자신의 잘못에 대해 용서를 비는 것이다.

마지막으로, 스스로에게 양보하지 마라. 우리는 살면서 수없이 자기 자신과 타협한다. 그리고 양보하기를 반복한다. 설령, 자신의 마음에 들지 않더라도 '이 정도면 됐어. 나로서는 최선을 다 한 것이야'라며 스스로를 위로하고 합리화한다. 과연 그것이 최선일까.

다시 안철수 교수의 얘기로 돌아가보자. 그는 그의 책 『CEO 안철수, 영혼이 있는 승부』에서 다음과 같은 얘기를 한 바 있다.

"나는 함부로 약속을 하지 못한다. 가령 어떤 사람에게 이렇게 해줄 수 있겠다는 확신이 들더라도 그 확률이 90% 정도면 약속을 하지 않는 주의이다. 99% 정도 확신이 들어야 약속을 하는 것이다."

조선 선비 중에도 자신에게 엄격하기로 소문난 사람들이 있다. 그 중 으뜸은 '남명 조식'이 아닐까. 그는 평생 처사로 살기를 원했다. 그가 죽음을 앞두고 제자들에게 한 말은 유명하다.

"내 평생 한 가지 잘한 것이 있었다면 권력에 구차하게 복종하지 않았던 것이다. 사후에 나를 처사라고 불러라. 그것이 내 평생의 뜻이다."

그는 자기 자신을 경계하는 것을 한 순간도 게을리 하지 않았다. 허리춤에 항상 '성성자(惺惺子)'라는 두 개의 방울을 달고 다니며 몸을 움직일 때마다 들리는 방울소리를 들으면서 자신을 경계했다.

성성자란 '늘 깨어있다'는 뜻이다. 무릇, 사람이란 어리석어서 자신이 경계할 것을 삼아도 잊어버리거나 상황에 따라 타협하게 마련이다. 이에 반해 방울소리로 늘 자신을 깨우치겠다는 그는 인간 내면의 어리석음을 이미 알고 있었던 것인지도 모른다. 이처럼 자기 자신에게 경종을 울리며 삶을 경계하고 반성하는 사람이 과연 얼마나 있을까. 만일 조식처럼 방울을 달고 다니며 삶을 반성하라고 한다면 도리어 많은 사람들이 스트레스를 받을 것이 틀림없다.

또한 그는 '경의검(敬義劍)'이라는 작은 검을 항상 지니고 다녔다. 검의 안쪽에는 '내명자경(內明者敬, 마음을 깨끗이 하는 것)', 바깥쪽에는 '외단자의(外斷者義, 밖으로 행동을 결단하는 것)'란 글자를 새겼다. 마음을 바르게 하는 것도 어렵지만 그 마음의 의지를 밖으로 결단하는 것은 더더욱 어려운 일이다. 그것을 검에 새기고 다녔다는 것은 목숨처럼 강하게 여겼다는 의미일 것이다.

이처럼 자기 자신을 엄격하게 대한다는 것은 부단한 노력과 관심이 필요한 일이다. 누구나 함부로 그렇게 할 수 없는 것도 어쩌면 그런 이유 때문일 것이다.

모두가 안철수 교수나 남명 조식이 될 수는 없다. 하지만 세상을 살아가면서 적어도 자기 자신에게는 부끄럽지 않아야 하지 않겠는가. 왜 자기 자신에게는 관대하고 남에게만 엄격한 잣대를 들이대려고 하는가. 왜 자기계발보다는 다른 사람의 일에 신경을 쓰는가.

돌이켜봤을 때 지금까지의 자신의 생각만큼 유익하지 않고, 뭔가 새로운 결심이 필요하다면 이제부터는 그와 반대로 살아보는 것도 삶의 전략 중 하나이다.

자기 자신에게 엄격한 사람일수록 스스로를 존중하며, 삶이라는 소중한 시간을 함부로 허비하지 않는다. 나아가 다른 사람들로부터 많은 것을 배우려고 노력하며, 자기관리에 철저하다. 결국 그것들 하나하나가 모여서 성공이라는 결과물을 만들어내는 것이다.

성공하고 싶다면 성공에 매달려선 안 된다. 스스로를 돌아볼 줄 아는 사람만이 한 발 더 성공에 다가갈 수 있음을 수많은 사람들의 성공 스토리가 말해주고 있다.

많은 사람들이 쉽게 착각하는 것 중 하나가 '시간이 우리를 성장시켜 준다'라는 믿음이다. 나이를 먹고 경험이 쌓이고, 세상 사는 일에 노하우가 생기게 되면, 예전보단 더 많이 지혜로워지고 더 많이 성장하게 될 거라는 믿음 말이다. 정말 그럴까? 그렇다면 왜 우리 주위에는 나이 들수록 더 많이 비굴해지고, 더 많이 고집스러워지고, 점점 더 많은 편견에 사로잡혀가는 사람들이 많은 걸까? 너무도 당연한 얘기지만 우리의 성장 동력은 바로 나 자신이 만들어낸 엄격함으로부터 시작된다. 이기는 습관을 가진 사람 중에서 자신에게 관대한 사람은 없다. 귀찮을 정도의 집요한 자기규제와 자기관리가 모든 성공의 기본 요소이기 때문이다.

– 전옥표 『이기는 습관』 중에서

슬플 때 붙잡고 울 수 있는 나만의 멘토를 만들어라

"이 녀석이 똑같은 말을 하고 있네."

아이를 키우는 부모들은 가끔씩 아이들을 보며 깜짝 놀라곤 한다. 행동이나 말투가 영락없이 엄마 아빠를 닮기 때문이다. 매일 듣고 보고 의사소통을 하면서 살다보니, 부모가 알게 모르게 삶의 스승이 되어 버린 것이다.

나이가 들면 스스로 스승을 선택할 수 있어야 한다. 그래야 좀 더 새롭고 발전적인 나를 만들 수 있기 때문이다.

심리학자 밴듀러는 어떤 사람을 모델로 해서 변해가는 것을 '모델링(modeling)'이라고 했다. 그는 닮고 싶은 사람을 멘토(Mentor)로 삼고 흉내내기를 배우라고 주장했다. 그렇게함으로써 시행착오를 줄일 수 있고, 평소에 억제되어 있던 행동이 활성화되며, 스스로 억제할 수 있는 능력도 커진다는 것이다.

지금 곁에 멘토가 있다면 더할 나위 없겠지만, 사진 한 장이라도 좋다. 닮고 싶은 사람의 말이나 사진을 다이어리 첫 페이지에 붙여 놓아라. 심신이 힘들 때는 물론 하루를 시작할 때, 자주 그 사람의 말이나 사진을 쳐다보는 것만으로도 큰 변화가 일어날 것이다.

일반인을 대상으로 펼치는 오디션 프로그램인 〈위대한 탄생〉과 〈슈퍼스타 K〉의 인기가 대단하다. 쟁쟁한 경쟁자를 제치고 과연 누가 주인공이 될지도 궁금하지만 출연자들이 노련한 멘토를 만나 자신의 능력이 조금씩 향상되어 가는 과정 자체가 매우 흥미롭고 감동적이기 때문이다. 여기에 각자의 멘토들이 음악의 전문성과 경험을 토대로 조언을 해주며 그들을 변화시키는 모습을 볼 때면, 좋은 멘토를 만나는 것이 인생을 살아가는 데 있어 얼마나 중요한 일인가를 새삼 깨닫게 해준다.

〈죽은 시인의 사회〉라는 영화가 있다. 전통, 명예, 훈육, 그리고 탁월을 4대 원칙으로 한 전통 있고 보수적인 남학교인 '웰튼 아카데미'에 틀에 박힌 교육을 거부하는 영문학 선생님이 등장한다. 배우 로빈 윌리암스가 선생님 역을 맡아 화제가 되기도 했다. 영화에서 선생님은 틀에 박히고 힘든 강의에 지쳐가는 학생들에게 '선생님을 떠나 자신의 인생을 소중하고 특별하게 인식해 주는 존재'로 인식시켜주고자 했다.

특히 학교의 교육관과 맞지 않다는 이유로 학교를 떠날 수밖에 없는 선생님을 향해 자신들을 깨우쳐준 고마운 마음을 전달하기 위해 학생들이 책상 위에 올라가 그를 바라보는 장면은 아직도 인상적이다. 그리고 지금도 회자되는 명대사가 나온다.

직역하면 '현재를 즐겨라', 의역하면 '너의 인생을 특별하게 만들어라'는 라틴어 '카르페 디엠'이 바로 그것이다. 틀에 박힌 삶을 강요받는 학생들에게 더 할 수 없는 영감의 멘트이자 가장 적절한 멘토의 대사라고 할 수 있다.

현재를 누구보다 더 멋지고 즐기게 해주는 것이 바로 멘토의 역할이다. 더 좋은 삶을 책임져 주는 것도, 언제나 함께 해주는 것도 아닌, 바로 '지금'을 자신의 삶 앞에 충실하고 멋지게 만들어주는 조력자의 역할을 하는 것이다.

멘토는 미래를 보여줄 수도 과거를 바꿔 줄 수도 없다. 하지만 현재를 위안해주고 격려해준다. 너무 '나 스스로를 강요하고, 더 뛰어나게 보여줄 수밖에 없는 현 시대'에서 멘토의 역할은 그래서 더 중요할 수밖에 없다.

멘토를 멀리서 찾지 말기 바란다. 또한 특별한 사람만이 멘토가 된다라는 선입견도 버리자. 우리가 원하는 또 당신이 원하는 멘토는 지금도 수없이 만나고 있다.

당신의 지식은 부족하지만 단 시간엔 얻을 수 없는 삶의 지혜를 보유하고 있는 부모님이 옆에 있고, 학창시절 학업 외에도 많은 가르침을 주신 학교 선생님, 사회생활을 하는데 있어 빠른 적응을 도와주었던 직장 선배, 힘들 때 따뜻한 위로의 말을 건네던 학창시절의 친구 역시 우리 인생의 중요한 멘토가 될 수 있다. 또 힘겨운 삶의 무게감을 갖고 사는 가장들의 눈물과 쓴 웃음을 천연덕스럽게 받아 줄 수 있는 아이들 역시 멘토가 될 수 있다. 알고 보면 우리 곁에는 항상 멘토가 있었다. 우리가 의식하지 못했을 뿐이다.

주위를 한번 둘러보자. 지금 나의 멘토는 누구인가. 또 나는 누구의 멘토로 있는가. 그런 의미에서 누군가의 도움을 필요로 하는 사람이 보인다면 그 사람의 멋진 멘토가 되어보는 건 어떨까. 그 순간, 그 사람의 인생을 변화시키는 데 일조하는 위대한 탄생을 경험하게 될 것이다.

평생 함께 할 친구가 있는가?

손을 펴면 구름이요 뒤집으면 비인가

가볍게 날리는 사귐 많으니 어찌 다 헤아릴까

그대는 아는가. 관중과 포숙의 가난한 때의 우정을

요즘 사람은 이 도리를 흙처럼 버리는구나.

'친구 간의 의리 없음을 한탄하는' 당나라 시인 두보의 '빈교행'이란 시이다.

그때도 의리 없는 사람들이 꽤나 많았던 듯 싶다. 이를 통해 보건대 시대는 변해도 사람들의 마음은 예나 지금이나 별반 다를 게 없는 것 같다.

휴대폰에 저장된 수백 개의 연락처 중 당신이 정말 필요할 때 기꺼이 손을 빌려줄 사람은 몇이나 되는가? 한밤중에 전화를 걸어도 화내지 않고 무조건 달려와줄 사람은 있는가? 반대로 당신의 친구가 긴급하게 돈이 필요하다거나 심각한 위기상황에 빠졌을 때, 조건 없이 도와줄 수 있는가? 만약 이 질문에 흔쾌하게 답할 수 없다면, 당신의 인간관계를 재정비해야 한다.

참된 우정이란 무엇일까. 친구란 비가 올 때 우산을 씌워주는 것이 아니라 비를 맞고 함께 걸어가는 것이라고 했다. 또 이태백은 고난과 불행이 찾아올 때 참된 친구를 알아볼 수 있다고 했다. 그러나 정작 내가 힘들고 어려울 때 내 주위에는 아무도 없는 경우가 많다. 힘 있는 자리에 있을 때는 온갖 감언이설로 나를 기쁘게 하려고 애쓰거나 잠시라도 시간을 갖기 위해 노력하던 사람들이 자리에서 물러나면 전화도 피하고 만남도 꺼려하는 것이 세상사이다.

참된 우정은 세대와 신분을 뛰어넘는다. '오성과 한음' 이야기의 주인공인 이항복과 이덕형의 우정을 보자. 그들은 다섯 살의 나이 차이는 물론 기질까지 판이했다. 침착한 성격으로 알려진 것과는 달리 한음 이덕형은 실제로 앞서 행동하는 행동파 장수였다. 반면 개구쟁이 오성 이항복은 치밀하게 사유하고 뒤에서 수습하는 군사(軍師)같은 성격이었다.

임진왜란 당시 조정에서 명나라로 원병을 요청하는 사신을 파견할 때의 일이다. 두 사람은 선조에게 함께 사신으로 파견해줄 것을 주청했으나 병조판서였던 이항복은 허락되지 않았고 이덕형만 떠나게 됐다. 이덕형은 정주성 남문에서 명으로 향하는 자신을 전송하던 이항복에게 "날쌘 말로 이틀 길을 하루에 가지 못하는 것이 한"이라고 말했다. 그러자 이항복은 타던 말을 내주며 "원병을 청해 오지 못하면 그대는 나를 쌓인 시체더미에서나 찾을까, 살아서 서로 만나지는 못할 것이네"라고 대답했다. 이에 이덕형은 "원병을 청해 오지 못하면 나는 반드시 뼈를 노룡에다 버리고 다시는 압록강을 건너지 않을 것이네"라고 답한 뒤 눈물을 흘리며 작별했다.

조선 후기 서예가 추사 김정희에게도 변함없는 친구가 한 사람 있었다. 역관 우선(藕船) 이상적이 바로 그다. 그는 추사가 유배 중일 때 여러 번 북경 나들이를 했다. 그럴 때마다 어렵게 구한 새로운 책을 제주도에 귀양 가 있던 추사에게 보냈다. 당시 누구나 권세와 이익만을 좇던 시절이라 귀양살이를 하는 힘없는 친구에게 소중한 책을 전한다는 것은 여간한 용기와 우정이 필요한 것이 아니었다. 추사의 학문적 심도는 이러한 연유로 더욱 깊어졌을 것이다.

구약성경 '사무엘서'에 나오는 다윗과 요나단의 우정 역시 아름답다. 이스라엘의 사울왕은 자기 아들 요나단과 모든 신하에게 다윗을 죽이라고 명령했다. 요나단은 아버지인 왕의 명령으로 다윗을 죽이고, 다윗은 요나단에게 죽임을 당할 입장에 처했다. 그러나 요나단은 다윗과 맺은 우정을 절대 포기하거나 배반하지 않았다. 오히려 아버지 사울왕이 많은 군대를 거느리고 다윗을 해하려고 할 때마다 앞서 가서 지혜롭게 다윗이 피신하도록 도왔다.

참된 우정은 인생의 기쁨을 배로 늘리고, 슬픔은 반으로 줄여준다. 그렇다. 속내를 다 털어놓아도 부끄럽지 않은 친구가 있다면 그것보다 행복한 일이 또 있을까.

세계적으로 유명한 3대 테너 음악회가 있었다. 1990년 7월 이탈리아 축구 월드컵 전야제로 플라시도 도밍고, 호세 카레라스, 루치아노 파바로티의 음악회가 열린 것이다. 그러나 도밍고와 카레라스는 스페인의 지역 분쟁으로 인해 절교를 선언했던 사이였다. 그후 카레라스는 급성 림프구성 백혈병에 걸리고 만다. 다행히 모 재단 소유의 백혈병 전문병원에서 무료로 치료를 받아 무대에 다시 설 수 있었다. 그런데 카레라스가 그 재단의 후원회원으로 등록하려고 정관을 읽고는 깜짝 놀랐다. 바로 도밍고가 재단의 설립자이자 후원자 겸 리더였기 때문이다. 더욱이 그 재단이 자신의 치료를 돕기 위해 설립됐고 자신의 자존심을 다치지 않기 위해 익명으로 했다는 것을 알게 되었다. 두 사람의 우정은 그렇게 해서 다시 확고해졌다.

인간은 '인간관계'의 줄임말이라고 한다. '人間'을 사람과 사람 사이라고 말하는 것은 그래서이다. 사람을 만나고 사귀는데 있어 인간관계는 더욱 더 중요하다. 사람은 혼자서 살아갈 수 없기 때문이다.

혼자 감당하기 어려운 슬픔을 당했을 때, 누군가에게 자랑하고 싶은 일이 생겼을 때 그것을 함께 나눌 사람이 없다면 어떨까.

생각만 해도 끔찍하다.

그런 의미에서 믿고 의지하며 기쁠 때나 슬플 때나 변함없는 우
정을 나누며 함께 살아갈 수 있는 친구를 갖는다는 것은 참으로 행
복한 일이요 큰 힘이라고 할 수 있다.

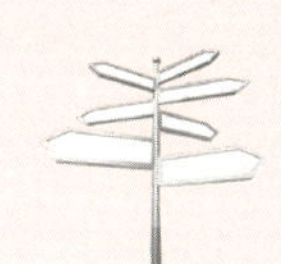

대접받고 싶다면 먼저 대접하라

윈스턴 처칠이 이런 질문을 받은 적이 있다.

"당신처럼 존경받는 인격을 갖추려면 어떻게 해야 합니까?"

"비결 같은 것은 없습니다. 상대방을 미소 짓게 하려면 먼저 미소를 지으세요. 관심을 끌고 싶으면 그들에게 먼저 관심을 보이세요. 칭찬을 듣고 싶으면 먼저 칭찬하세요. 그들을 긴장하게 하고 싶으면 당신이 먼저 긴장하세요. 그들을 소리 지르게 하려면 당신의 목소리를 먼저 높이세요. 그들에게 맞고 싶으면 먼저 때리세요. 사람들은 당신이 그들을 대접하는 대로 당신을 대접합니다. 간단합니다. 비결 같은 건 결코 없습니다. 자신을 돌아보는 것이 중요할 뿐이지요."

사람은 누구나 자기 자신을 가장 소중하게 생각하며 다른 사람들이 자신을 소중하게 대해주길 바란다. 학자들의 조사에 의하면, 사람들이 가장 원하는 욕구는 '다른 사람들로부터 인정받는 것'이라고 한다.

그렇다. 좋은 인맥을 만들고 싶다면 다른 사람들을 그들이 대접받고 싶어 하는 대로 대접하라. 대인관계에서 가장 중요한 것은 상대방에 대한 이해와 존중이다.

미국 16대 대통령 링컨은 다른 사람과 갈등이 생기면 "그 사람은 영 맘에 들지 않아. 그에 대해 더 많이 알아야겠어"라고 말했다고 한다. 또 카이저철강 창업자인 헨리 카이저는 "인간은 저마다 신의 아들이므로 모든 인간이 중요하다는 사실을 잊지 않는다면 자연스럽게 좋은 대인관계를 유지할 수 있을 것이다"고 말한 바 있다.

보통 사회에서 말하는 인맥은 비즈니스 인맥만을 일컫는다. 그러나 사전적 의미의 인맥은 '학문, 출신, 경향, 친소(親疏) 등의 관계로 한 갈래로 얽힌 인간관계'를 말한다. 인맥은 인간관계이며, 인맥관리는 태어나서 죽을 때까지 맺는 여러 인간관계가 올바로 형성, 유지되도록 관리하는 것이다. 따라서 인맥관리는 성공을 위한 것이라기보다 행복을 위한 것이다. 성공을 위해 좋은 인맥이 필요한 것이 아니라 좋은 인맥, 좋은 인간관계는 이미 큰 성공이자 행복이다.

미국에서 성공한 CEO들을 대상으로 성공과 행복의 상관관계를 조사했다. 그 결과 성공해서 행복했다고 대답한 사람은 37%, 행복해서 성공했다고 대답한 사람이 63%였다. 결국 성공한다고 반드시 행복해 지는 것이 아니라는 것이다. 이제 성공하고 싶다면 행복을 관리하자. 가장 소중한 사람들과의 관계를 행복하게 가꿔 나가자. 인맥관리는 곧 행복관리다.

하버드대 하워드 가드너 교수는 인간에게는 8가지의 지능이 있다고 주창했다. 그 중 하나가 바로 대인관계지능이다. 대인관계지능이란 다른 사람의 감정과 표정, 몸짓, 음성, 행동을 이해하고 교류하는 능력을 가리키며 이러한 대인관계지능이 높을수록 바람직한 인간관계를 형성할 수 있다고 한다.

모든 일에는 반드시 원인이 있다. 실패한 삶이든 성공한 삶이든 그만한 이유가 있다. 삶이 만족스럽지 않다면 제일 먼저 사람들과의 관계를 돌아봐야 한다. 내 자신이 과연 다른 사람들에게 어떤 모습으로 비치는지 깊은 성찰이 필요하다.

가벼운 우울증에서 심각한 정신병까지 모든 심리장애에는 '관계'의 문제가 있다. 크고 작은 비즈니스 문제 역시 언제나 그 중심에는 관계의 문제가 있다. 우리 삶의 모든 일에는 다름 사람들과의 관계가 씨줄과 날줄처럼 얽혀 있다. 아이에게 방을 치우게 하는 일부터 국가 간의 분쟁을 해결하는 일까지 크고 작은 모든 문제는 사람들과의 관계를 포함한다. 따라서 문제를 해결하고 현 상태를 원하는 상태로 만들려면 반드시 사람들과의 관계를 먼저 개선해야 한다.

성공하는 사람 뒤에는 반드시 친밀한 관계의 협조자가 있다. 그들에게는 가족, 동료, 선후배와 고객을 끄는 힘이 있다. 원하는 것을 얻고 싶다면 다른 사람의 협조를 끌어낼 수 있어야 한다. 사람들을 끌 수 있는 남다른 매력이 하나도 없다면 경쟁이 난무하는 이 세상은 너무나 힘든 곳이 된다.

다른 사람들과의 관계가 껄끄럽다면 그 자리에 누가 있었는지를 생각해야 한다. 그곳에는 항상 자기 자신이 있다. 좋은 관계를 원한다면 다른 사람을 변화시킬 것이 아니라 먼저 자기 자신을 변화시켜야 한다. 자신은 바꾸지 않으면서 다른 사람들만 탓한다면 결국 그 사람은 평생 껄끄러운 관계 속에서 살아가게 될 것이다.

우리는 모두 복잡하고 다양한 사회조직의 구성원으로 살아가고 있다. 사람을 뜻하는 한자인 '人'에서 보듯 사람은 누구나 다른 사람에게 도움을 받고 도움을 주는 관계 속에서 살고 있다. 다른 사람에게 매력 있는 사람이 되고, 원하는 결과를 얻고 싶다면 지금부터 자신을 돌아보고 변화시키는 첫 걸음을 내딛도록 하자. 이를 통해 우리 모두의 인간관계와 삶의 질이 한층 깊고 높아질 것이다.

'부메랑 효과'라는 게 있다. 어쩌면 인간관계도 이 부메랑과 똑같다. 다른 사람에게 한 행동이 결국에는 고스란히 우리 자신에게 돌아오기 때문이다. 내가 상대방에게 웃어주면 상대방도 내게 미소로 대답한다. 반대로 내가 상대방을 비난하면 그도 나에게 화살을 겨누게 된다.

인간관계에서 어려움을 겪는 것은 상대방이 내게 보인 행동이 사실은 내가 먼저 보인 행동에 대한 부메랑과도 같다는 것을 모르기 때문이다. 그렇게 보면 다른 사람들이 자신을 좋아하게 만들 수 있는 방법은 그리 거창한 게 아니다.

대접받고 싶다면 상대를 먼저 대접하라. 그것이 바로 인간관계를 편안하게 하는 비결이다.

가족보다 소중한 사람은 없다

한 남자가 젊은 나이에 죽었다. 그 남자는 죽으면서 자신의 선배에게 이런 말을 남겼다.

"형, 다 부질없어. 가족한테 잘해. 특히 아이들과 마음껏 놀아줘."

살면서 가족만큼 소중한 것이 있을까. 가장들의 무거워진 어깨의 짐을 나누는 것도 가족이고, 지치고 힘들어 쓰러진 나를 일으켜 세워주는 원동력도 가족이다. 가족의 의미가 쇠퇴하고 있다지만 내가 존재하고 살아가는 이유는 역시 가족이 있기 때문이다. 모든 것을 바쳐도 아깝지 않은 '사랑'이라는 단어마저도 늘 아쉽게 느껴지는 사람들이 바로 가족이다.

세상에 소중하지 않은 사람은 없다. 내가 만난 사람들, 옷섶을 스치는 저 웃고 이야기하는 모든 사람들 모두 소중하다. 하지만 그 중에서도 가장 소중한 사람을 꼽으라면 가족이 아닐까.

가족이라는 영어단어는 'family'이다. 그런데 이 단어의 어원을 살펴보면 'Father+Mother+And+I+Love+You'의 각 단어 첫 글자를 합성한 것이라는 이야기가 있다. 즉 '아버지, 어머니, 나는 당신을 사랑합니다'라는 뜻이 그 단어에 들어 있다.

알츠하이머. 흔히 치매라고 하는 병이다. 요즘은 젊은 사람들도 걸리는 경우가 제법 있지만 산전수전 다 겪은 노년층이 걸리는 게 대부분이다.

영화 〈소중한 사람〉은 알츠하이머에 걸린 시어머니와 그 시어머니를 모시고 사는 가족들의 이야기를 담고 있다.

영화는 홀로 사는 마사코가 이사를 가는 이웃에게 줄 도시락을 싸는 장면에서부터 시작된다. 작별인사와 함께 도시락을 건네받은 이웃은 마사코에게 말한다. 아들이 함께 살자고 할 때 못 이기는 척하고 가서 함께 살라고.

그렇게 해서 마사코는 막내아들 부부와 함께 살기로 한다. 여전히 젊고 정정한 마사코와 아르바이트를 하며 집안일을 돕는 며느리 토모에 그리고 손자는 이렇게 해서 한 가족이 된다.

가족에게는 항상 행복만 있을 듯 했다. 하지만 그것도 잠시. 가족은 마사코가 끊임없이 행주를 만드는 것을 목격한다. 괜찮다고, 그만 하라고 해도 소용이 없다. 오히려 계속해서 만들어서 토모에게 쓰라고 건네줄 뿐이다. 동료에게 건강하다가도 사는 환경이 바

꿰면 알츠하이머에 걸릴 수 있다는 말을 들은 토모에는 혹시 시어머니에게 무슨 문제가 있는 건 아닌지 걱정하며 남편에게 말을 꺼내지만 오히려 면박만 당하고 만다. 마사코 역시 자신을 병원에 데려가려는 토모에를 구박하고 괴롭힐 뿐이다.

결론을 말하자면 마사코는 토모에의 짐작대로 알츠하이머에 걸렸다는 진단을 받게 된다. 문제는 그 후부터다. 행복이 아닌 고난의 연속이다. 퇴근 후 집에 돌아온 아들은 어머니에게 화를 낼 뿐이고, 손자는 할머니를 무시하기 일쑤다. 이와 달리 토모에는 어떻게든 잘해보려고 노력하지만 날이 갈수록 증상이 심해지는 병에 차츰 지쳐간다. 긴 병에 효자없다고 하지 않던가. 결국 아들 부부는 마사코를 요양원에 보내기로 결심한다. 그런데 그 순간 반전이 일어난다. 자신에게만 심술궂게 군다고 생각했던 마사코가 그저 원망스럽던 토모에와 마사코가 급속히 가까워지기 시작한 것이다. 마지막, 이별을 앞두고 그제야 서로의 사랑과 진심을 느끼게 된 것이다. 이에 가족은 다시 서로를 이해하고 받아들이기로 결심한다. 그리고 비로소 가족의 소중함을 깨닫는다.

세상이 각박해지면서 가족의 중요성과 가치는 더욱 빛을 발하고 있다. 하지만 미우나 고우나 결국 힘들 때 나를 위로해주고 응원해주는 건 가족밖에 없다.

가족은 우리 삶의 출발이자 살아가는 힘의 근원이다. 군에 입대해 처음 받아본 부모님의 편지를 읽으며 눈물을 흘리지 않은 남자는 없을 것이다. 두 주먹 불끈 쥐고 국방의 의무에 전심전력하는 것도 결국은 내 가족의 안락을 바라는 마음에서 비롯된 것이 아니겠는가.

가족의 해체가 날이 갈수록 심화되고 있다. 홀로 사는 노인이 늘어나고 미혼자나 이혼자가 늘어나 '홀로 가구'가 급증하고 있다. 결혼하더라도 출산을 꺼리는 현상이 두드러지고 있음은 자못 심각한 사회문제라 하지 않을 수 없다.

건강하거나 잘 나갈 때는 가족의 중요함을 제대로 인식하지 못하지만, 어려운 일이 생기거나 혼자 해결할 수 없는 일이 생기면 제일 먼저 찾는 것이 바로 가족이다. 그래서 나를 존재하게 하는 힘도 바로 가족에게서 나온다고 하는 것이다.

40대 뇌성마비 아들이 60대 아버지에게 물었다.

"아빠, 저랑 같이 마라톤에 참가하지 않을래요?"

아버지는 심장이 좋지 않았지만 아들과 함께 마라톤 대회에 참가하기로 했다.

매번 아들의 요청에 아버지는 "그러자꾸나"라고 답했고, 마침내 마라톤을 완주했다.

하루는 또 아들이 물었다.

"아빠, 우리 철인3종 경기에 참가해요."

아버지는 다시 "그러자꾸나"라고 답했다.

아버지는 철인3종 경기가 어떤 경기인 줄 몰랐다. 3.86km의 수영과 180.2km의 자전거 그리고 마지막으로 42.195km의 마라톤을 마쳐야 되는 험난한 코스였지만 아버지와 아들은 경기를 함께 완주했다.

아버지의 아들에 대한 사랑과 헌신이 있었기에 도전하고 성취할 수 있었음을 보여주는 이야기이다.

행복한 가족의 조건은 무엇일까. 서로를 위해 헌신하고, 상대의 헌신에 보답하려는 노력이야말로 행복의 필수조건이 아닐까.

세상에서 가장 편안한 안식처인 가정, 그리고 사랑하는 가족이 곁에 있다는 사실만으로도 우리는 충분히 행복할 수 있다. 그것이 곧 가족의 힘이다. 하지만 너무도 소중한 가족이 일과 다른 사람들에게 밀리고 있다.

"우리가 다른 계획을 세우느라 분주한 동안 슬그머니 일어나는 일, 그것이 바로 인생"이라고 존 레논은 말한 바 있다.

인생은 짧다. 그러니 긴급한 일에만 분주하지 말고 우리 인생에서 가장 소중한 것을 가장 먼저 소중하게 대하자.

세상에 가족보다 소중한 것은 없다. 삶이 고달프고 힘들어도 살아가는 것도 바로 사랑하는 가족이 있기 때문이다. 함께 꿈과 희망을 꿈꾸며 살아가는 사람들, 세상에 둘도 없는 소중한 사람들, 바로 가족이다.

사랑하는 사람에게 상처를 주지 마라

"파도를 막을 수는 없지. 하지만 파도타기를 배울 수는 있잖니."

책 『따귀 맞은 영혼』에 나오는 말이다. 마음에 상처를 입는 일은 언제고 생겨나기 때문에 막기가 어렵지만, 그 상처를 극복하는 것은 배움을 통해 얻어질 수 있다는 의미이다.

우리 마음에 상처를 입는 일은 종종 일어난다. 가까이는 부모로부터 시작해 형제, 자매들, 사랑하는 연인, 심지어 직장 동료들까지 우리 마음에 상처를 주는 행동이나 말을 쉽게 던지곤 한다.

사실 우리는 남들이 의도하지 않은 사소한 실수들로 인해서 마음이 상하게 되는 경우가 많다. 영혼에 생채기를 내는 말들이나 행동들은 전혀 생각지도 않은 순간에 발생한다. 특히 예민한 성격의 사람이나 과거에 많은 상처를 받았던 사람의 경우, 이러한 말과 행동에 더욱 심각하게 영향을 받는다. 나아가 이러한 상처들은 나를 병들게 만들고 불행하게 만든다.

지구상에 존재하는 생명체 중 인간처럼 서로 마음의 상처를 주며 살아가는 존재가 또 있을까. 눈에 보이는 상처는 시간이 지나면 쉽게 아물지만, 눈에 보이지 않는 마음의 상처는 쉽게 낫지도, 잊혀지지도 않는다. 오히려 시간이 지날수록 묵고 깊어진다. 아무리 좋은 음식을 먹어도, 값비싼 물건을 사도 마음의 상처는 없어지지 않는다. 그래서 '세상에 믿을 사람 하나 없다'며 울분을 토하는 사람도 있다.

가까이 있는 사람일수록 말 한 마디 때문에 마음에 큰 상처가 되는 경우를 종종 본다. 분명 속마음은 그게 아닌데 무심코 툭 던진 말이 상대에게는 비수가 되어 마음에 큰 상처를 준다. 상대방이 던진 말에 상처를 받아 오해가 생기기거나 소원한 관계가 되기도 하고 심지어 결별의 원인이 되기도 한다.

아무도 살지 않는 깊은 산속에 들어가 살면 사람으로 인한 마음고생 없이 마음 편히 지낼 수 있을 것 같지만 실제로 경험해본 사람들은 안다. 짧게는 일주일, 길게는 한 달 만 지나면 사람이 그리워진다는 것을.

사람에게서 받은 상처는 사람만이 고칠 수 있다.

사랑하는 사람에게 상처를 주지 마라.

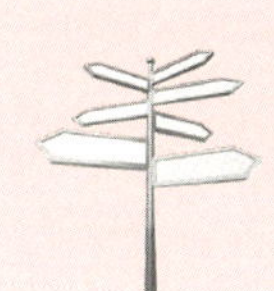

따뜻한 가슴을 가져라

어느 날, 한 소녀가 가시덤불에 걸린 나비를 보고 가시를 헤치고 들어가 구해줬다. 나비는 자신의 목숨을 구해준 소녀에게 뭔가를 해주고 싶었다.

"네가 원하는 걸 무엇이든 말해봐. 다 들어줄 테니."

"정말? 으음, 난 행복하게 살고 싶어."

"그럼 이렇게 살렴."

나비는 소녀의 귀에 몇 마디를 속삭였다.

그 후 소녀의 삶은 정말로 행복해졌다. 어른이 되고, 엄마가 되고, 할머니가 된 후에도 행복은 계속 되었다.

사람들은 그녀에게 물었다.

"어떻게 하면 당신처럼 우리도 행복한 삶을 살 수 있습니까?"

그녀는 아주 어릴 적, 나비가 자기에게 해준 이야기를 그대로 들려줬다.

"행복이요? 별로 어렵지 않습니다. 누구든지 이 세상에는 완벽한 사람이 존재하지 않습니다. 다시 말해서 누구나 도움이 필요한 법이죠. 누군가는 당신의 도움을 필요로 합니다. 그들에게 필요한 존재가 되어주면 됩니다."

행복의 완성은 내 것을 채우는 삶이 아닌 다른 사람의 마음을 채우는 일이다. 나에게 필요한 사람만 찾지 말고, 나를 필요로 하는 사람을 찾아보자.

고개를 돌려 주위를 살펴보자. 그리고 먼저 손을 내밀자. 남에게 주는 것도 연습이 필요하다. 남에게 주는 일을 게을리 하면 내게 필요 없는 것조차도 남에게 주지 못하게 된다. 아주 큰 걸 바라는 게 아니다. 다정한 미소, 따뜻한 손길, 마음이 담긴 한 마디. 그것만으로도 충분하다.

아프리카 수단에서 봉사활동을 펼치다 암으로 세상을 떠난 고 이태석 신부의 삶을 그린 영화 〈울지마 톤즈〉의 감동이 다시 되살아나고 있다. 교황청을 눈물바다로 만든 것이다.

남수단과 북수단의 분쟁으로 인하여 내란이 끊이지 않았고, 가난과 질병, 굶주림으로 이어지는 죽음의 그림자가 드리운 나라로 날아가 생의 마지막 삶을 토해내며 수단 사람들의 슈바이처로 살다 48세의 젊은 나이로 불꽃같은 삶을 마감한 고 이태석 신부. 그의 삶은 보는 이로 하여금 가슴을 도려내는 눈물을 머금게 한다.

그는 의사로서의 삶이 보장된 편안한 앞길이 열려있었지만 모든 것을 내려놓은 채 힘든 사제의 길을 택했다. 그리고 한국인으로서는 처음으로 아프리카 수단으로 날아가 병원과 의사가 없는 톤즈에 둥지를 틀었다.

그는 그곳에서 종교를 넘어선 따뜻한 의술을 펼쳤다. 50도가 넘는 더위 속에서 주민들과 함께 직접 벽돌을 찍어 병원을 세우자 많은 사람들이 진료를 받기 위해 모여들기 시작했다. 그를 만나면 살 수 있다는 신념으로 100km가 넘는 곳에서도 환자들이 몰려왔고, 한 밤중에도 그를 찾는 환자가 끊이지 않았다. 하지만 그는 단 한 명의 환자도 그냥 돌려보내는 일이 없었다. 특히 한센병과 결핵으로 고생하는 환자들을 찾아다니는 이동 진료를 하며 그는 톤즈 사람들의 손과 발이 되어주었다.

다음으로 그가 한 일은 톤즈 아이들을 위한 학교를 짓는 것이었다. 그는 12년 과정의 학교를 설립해 고등학교 과정의 수학을 직접 가르쳤다. 힘들고 어려운 수단의 앞길에 빛을 심어주는 길은 자라나는 아들에게 교육의 기회를 제공하여 이들이 무지에서 벗어나 스스로 일어서 모국의 앞날을 이끌어가는 것이라고 생각했기 때문이다.

그 후에는 장기간의 전쟁으로 상처받은 아이들의 마음을 음악으로 치료하기 위하여 35인조 브라스밴드를 조직해 직접 학생들에게 악기연주를 가르쳤다. 그리고 한국 지인들의 도움으로 단복을 입혀 총 대신 악기를 들고 정부의 각 기간에서 실시하는 행사에서 연주를 하도록 했다. 그로 인해 톤즈 사람들은 아픈 몸을 치료받을 수 있었고, 아이들은 교육을 받을 수 있었다. 그 결과, 전쟁으로 얼룩진 톤즈 사람들에게도 희망의 햇살이 내리쬐는 듯 했다. 하지만 그것도 잠시. 다른 사람들을 돌보느라 미처 자신의 몸을 돌보지 못했던 그는 대장암이란 진단을 받고 투병을 하던 중 우리 곁을 떠나고 말았다.

그가 미래가 보장된 의사의 길을 포기한 이유는 무엇 때문이었을까. 그는 이렇게 말한다.

"마음의 명령을 거부할 수 없었습니다. 의사로 살면 잘 살 수는 있었겠지만 행복하지는 못했을 겁니다."

그랬다. 그는 먹고 살기 위해서 억지로 하는 일이 아닌, 자신이 정말 하고 싶고, 하면 할수록 정말 행복한 일을 하기 위해서 '진짜 삶'을 선택한 것이다. 지금 당장은 불편하고 고통스럽더라도 마음이 시키는 명령에 따라 모든 편안함을 잠시 접어둔 것이다.

많은 사람들이 '어떻게 하면 더 행복할 수 있느냐?'고 묻곤 한다. 또 어떤 이들은 줄곧 머릿속에 '행복'이라는 단어를 담고 살아가기도 한다.

만약 그렇다면 이 사실을 알아야 한다. 먼저 자신의 마음이 내리는 명령을 잘 들을 줄 알아야 한다. 자신이 무엇을 원하는지, 어느 때가 가장 행복했는지, 가장 간절했던 꿈은 무엇이었는지 등등….

만약 그것을 찾았다면, 그 다음엔 용기가 필요하다. 손해를 감수

하더라도, 기득권을 포기하더라고 진짜 삶을 선택할 수 있는 용기, 그 용기만 있다면 누구나 모두 지금보다 더 행복해질 수 있다.

약점을 솔직히 인정하라

　보석상을 경영하는 사람이 여행 도중에 진귀한 보석을 발견하고 거액의 돈을 주고 보석을 구입했다. 물론 돈을 받고 되팔기 위해서였다. 서둘러 귀국한 그는 거금을 손에 쥘 수 있다는 즐거운 마음에 들떠 보석을 전문가에게 맡겼다. 하지만 되돌아온 것은 청천벽력 같은 소식뿐이었다.

　"흠만 없다면 정말 엄청난 보석인데…."

　감정사는 작은 흠집을 발견하고는 보석의 가치를 낮게 잡았다. 제값을 받기는커녕 구입가보다도 훨씬 밑지는 가격에 그 역시 깊은 고민에 빠졌다.

　'어떻게 하면 이 보석을 다시 원래의 가치로 되돌릴 수 있을까.'

그때 그의 머릿속에 한 가지 번득이는 아이디어가 떠올랐다. 그는 전문 세공사를 초빙해 보석의 작은 흠에 장미꽃을 조각하도록 했다. 그 결과 놀라운 일이 일어났다. 결정적인 흠이 있던 보석이 아름다운 장미꽃이 조각된 보석으로 탈바꿈한 것이다. 그리고 그의 예상처럼 보석의 가치는 몇 배 이상 올라갔다.

당신의 약점은 무엇인가?

위 이야기에서 보여준 보석의 작은 흠은 당신의 약점과도 같다. 숨기고 감추려고 할수록 약점은 더욱 도드라질 뿐이다. 치열이 고르지 못하다고 언제나 입을 가리고 웃는 사람은 오히려 남의 시선을 손 뒤에 감춰진 입에만 집중시키게 만든다.

나는 이렇게 말하고 싶다.

"약점을 애써 극복하려고 노력하지 말고, 약점을 있는 그대로 받아들여라. 콤플렉스 때문에 성공한 사람들은 그들의 콤플렉스를 극복했기에 성공한 것이 아니라 반대로 분발심을 일으켰기 때문에 성공한 것이다."

역사적인 미국 방문 길에 올랐던 중국의 최고지도자 덩샤오핑은 지미 카터 미국 대통령과 거의 15센티미터 이상 키 차이가 났지만, 눈길 한번 주지 않고 자신의 눈높이에서 정상회담을 진행했다. 카터 대통령이 농담 삼아 자신에게 왜 눈길 한번 안 주나고 묻자, 대륙의 작은 거인 덩샤오핑은 이렇게 응수했다.

"내 눈높이 아래에 10억의 중국 인민이 있는데 뭘 하러 높은 델 올려다보겠소."

콤플렉스하면 대표적으로 떠오르는 나폴레옹 역시 보잘 것 없는 외모와 가정, 학력 때문에 수많은 시간동안 고민해야 했다. 한 마디로 그는 콤플렉스로 똘똘 뭉친 인물이었으며, 죽을 때까지 콤플렉스를 극복할 수 없었다. 대신 이를 보상하려는 심리로 인해 악착같이 노력한 끝에 결국 황제의 자리까지 오를 수 있었다. 부족한 것을 보상하고 해소하려는 끊임없는 욕구가 그로 하여금 분발하도록 한 것이다.

누구나 남보다 잘하는 게 몇 가지 있고, 그 중 한두 가지 정도는 특출 난 분야가 있다. 모든 것에 문외한, 오직 한 가지만 잘하는 사람도 있다. 다양한 분야에 소질을 나타내는 사람은 다양한 분야를 접하게 된다. 하지만 다양한 분야에 소질이 없음을 확인하면 원래 소질이 있는 분야를 택해 승부를 걸면 된다. 소질이 있어 여러 가지 분야를 두루 섭렵하는 제너럴리스트보다 더 좋은 결과를 가져오는 게 한 분야에 탁월한 역량을 갖고 있는 사람이다. 물론 어느 쪽이 옳다고 말할 순 없다. 다만 다재다능한 사람은 자부심과 자신감이 넘치는데 그렇지 않은 경우 의기소침할 가능성이 많다는 것이다.

야구선수 이승엽이 인기가 있는 이유는 그가 홈런을 많이 치기 때문이지 못하는 것이 적어서가 아니다. 이승엽은 야구선수가 반드시 갖춰야 할 빠른 발과 선구안이 부족하다는 얘기를 많이 들었다. 그래도 우리는 홈런 타자 이승엽으로 그를 높이 평가한다. 마찬가지로 김연아 선수 역시 스케이트를 잘 타기 때문에 좋아하는 것이며, 박지성 선수는 축구를 잘하기 때문에 좋아하는 것이다. 박지성 선수가 기계를 못 다루고 음악성이 전혀 없다는 등 백 가지의 약점이 있다 한들 그에 대한 평가는 결코 달라지지 않는다. 잘하는 분야에 집중해야 하는 이유가 바로 거기에 있다.

세상에 완벽한 인간은 없다. 누구에게나 다 약점이 있다. 약점을 극복한 사람도 물론 있다. 그러나 그런 사람은 정말 극소수에 지나지 않는다.

약점은 약점대로 솔직하게 인정하라. 그러지 못하기 때문에 문제가 발생하는 것이다. 대신 다른 사람이 그 약점을 트집 잡을 수 없게 끊임없는 각오를 다져라.

Part3 일하는 방법에 문제가 있다

1등 경험을 쌓아라

한 대기업 면접에서 다음과 같은 질문이 나왔다.

"살아오면서 당신이 최고의 성과를 거두었다고 생각하는 일은 무엇입니까?"

"자신의 경력 중 가장 자부심을 느꼈던 경험을 말해보십시오."

이러한 질문에 마땅한 답변을 찾지 못하고 머뭇거린다면, 당신의 커리어 관리에 '위험 경고등'이 켜진 것으로 봐야 한다. 기업은 학교와 달라서 학습보다는 경험을 중시한다.

"저는 무엇을 할 수 있고, 앞으로 무엇을 할 계획입니다"라는 말은 신입사원에게나 용인될 말이다. 기업은 직급이 높아질수록, CEO에 가까워질수록 '당신이 이룬 성과'를 요구한다. 그리고 성과 중 가장 인정받을 수 있는 것은 바로 '1등 경험'이다.

그렇다면 1등 경험에는 어떤 것이 있을까. 우선 각 산업군의 선두를 차지하고 있는 기업에서 쌓은 경력을 꼽을 수 있다. 종종 'S 기업 출신 인재 선호' 같은 기사가 나오는 것도 이런 맥락에서다. 뛰어난 기업은 다른 기업과의 경쟁에서 우위를 차지할 만한 요소를 갖고 있기 마련이다. 우수한 기술력과 체계화된 시스템이 기업의 바탕을 이루고 있다. 여기에 최고의 실력을 갖춘 사람들과 자웅을 겨루어볼 수 있는 환경이 마련돼 있기 때문에 사내 경쟁을 통해 자신을 단련시킬 수 있는 것이다. 자신이 속한 조직은 자기 경험의 터전이 된다.

하지만 이것만으로는 부족하다. 최고의 기업에서 경력을 쌓고도 명예퇴직 후 의기소침해지는 경우가 많기 때문이다. 여기에 해당하는 사례가 하나 있다.

한 정보통신 기업에서 임원면접을 할 때였다. 여러 후보자 중 단연 능력이 두드러지는 A와 B 두 사람이 마지막까지 경합을 벌였다. A는 엔지니어로 출발해 중견기업에서 기술영업과 마케팅을 담당했던 제너럴리스트였고, B는 업계 선두기업에서 경력을 쌓아온 사람이었다. 회사는 두 후보에게 똑같은 질문을 했다. "당신이 업무를 통해 경험한 성과 중 최고의 성과를 말씀해보십시오."

A는 회사가 위기에 처했을 때, 자신이 진행한 프로젝트가 업계 최고의 매출을 기록해 기업을 회생시킨 경험을 말했다. B는 잠시 머뭇거리다 지금까지 자신이 참여했던 다양한 업무를 열거했다.

회사는 누구를 선택했을까. 말할 것도 없이 A였다. 전직 기업의 브랜드 네임으로 따지자면 B가 우월했지만, 역경 속에서도 도전의식을 잃지 않고 최고의 성과를 올린 A씨에게 더 후한 점수를 준 것이다.

B는 최고의 성과를 묻는 질문에 적잖이 당황했다고 한다. 누가 봐도 화려한 경력을 소유했지만, 막상 자신이 혼신을 다해 최고의 성과를 얻어낸 경험은 떠오르지 않았던 것이다.

이렇듯 기업의 힘을 자신의 힘으로 착각해 자생력을 키우지 못한 사람은 도태될 수밖에 없다. 즉 1등 기업에서 근무한 경험 못지않게 중요한 것은 맡은 일의 성과를 최고의 위치로 끌어올리는 것, 이를 통해 전문분야에서 최고가 되는 것이다. 작은 기업에서 근무한다 하더라도 자신이 주도적으로 진행한 프로젝트가 최고의 아이디어로 인정받았거나, 자신이 개발한 상품으로 업계 최고의 매출을 올렸거나, 자기 역할을 통해 기업의 브랜드 가치가 몇 십 배 올랐다면 그 경험은 더없이 소중한 자산이 된다.

축구경기에서 100번 슈팅을 해도 골을 넣지 못하면 헛수고에 불과하다. 1등 경험을 해본 사람은 어디서 어떻게 해야 골을 넣을 수 있는지 그 방법을 경험을 통해서 잘 알고 있다. 그것은 딱딱한 교과서나 자기 자랑만 일삼는 사람들의 말을 통해 배운 것이 아니다. 부단한 노력과 경험을 통해 배운 것이다. 그래서 그것이 더 가치가 있는 것이다.

1등 경험을 인재의 핵심가치로 여기는 이유에 대해 한 소비재 기업의 CEO는 이렇게 말한다.

"자기 분야에서 최고의 성과를 이루어내지 못한 사람은 일이 주는 희열을 진정으로 알지 못합니다. 희열을 모르면 새로운 일을 맡았을 때 자신감 있게 도전하지 못하지요."

1등 경험이 주는 가장 큰 혜택은 바로 자신의 일에 대한 자부심과 추진력이다. 목표를 세우고, 그것을 이루기 위해 경쟁력 있는 요인을 만들고, 그리하여 마침내 목표를 달성한 사람에게는 '할 수 있다'는 자신감이 가득하다.

'1등은 외롭다'는 말은 이제 옛말이 되었다. 요즘은 1등 주변에 사람이 모인다. 네트워킹 활용 측면에서도 1등의 경험은 소중하다. 아직까지 자기 분야에서 자부심을 가질 만한 최고의 성과를 달성한 경험이 없다면, 더 늦기 전에 목표를 세우자. 그리고 1등 경험을 만들어보자.

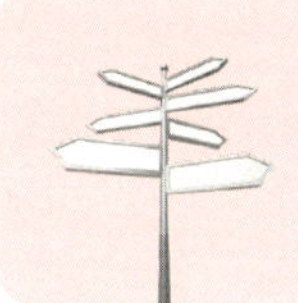

젊게 일하라

삼성 이건희 회장의 '젊은 조직론'이 화제에 오른 적이 있다. 그렇다. '젊음'이다. 이는 나이만 젊을 것을 요구하는 것은 아니다. 빠르게 변하는 세상에 맞는 탄력적인 판단과 대응력을 키워야 한다는 의미가 아닐까.

조직에서 젊다는 것은 무엇일까. 육체적 나이만을 의미하진 않는다. 어차피 '정년'이라는 개념은 사라진 지 오래다. 이제 경쟁의 대상은 바로 주변까지 확대된 셈이다. 말 그대로 탄력적이고 진취적인 자세, 스마트한 판단과 돌진의 의미라면 당연히 받아들여야겠지만, 서로 경쟁의 시너지를 창출할 수도, 서로 눈치 보고 몸을 사리는 시스템의 강고함만 굳어질 수도 있다.

어떤 조직이든 급변하는 세상을 따라잡는 데 가장 중요한 것은 창의력과 실행력이다. 대리든 과장이든 부장이든 젊고 활기차게 일하는 사람을 원하게 마련이다.

할 일의 우선순위를 정하라

프로세스를 스마트하게 바꾸려면 일의 우선순위를 정하는 것이 중요하다. 일의 우선순위를 정하는 것은 당연히 업무 효율을 높이기 위한 것이기도 하지만 노후된 조직이라면 새로운 변화를 가져올 수 있는 단초가 된다.

구체적인 업무를 종이에 적어라. 그리고 찬찬이 들여다보며 일의 비중과 일정을 판단해보면 쉽게 순서가 정해진다. 또 기존의 조직에서 우선순위가 윗사람 눈치를 보며 판단해야 했던 것이라면 그중 비효율적인 것들을 골라 우선적으로 과감하게 버리도록 하라. 또 우선순위를 정함으로써 의사결정을 신속히 할 수 있다는 것도 이점이다.

비전을 보여줘라

리더라면 확실한 주관을 갖고 조직원에게 비전을 보여줄 수 있어야 한다. 비전과 전망을 보여줄 수 있는 리더가 진짜 리더다. 이 프로젝트는 우리 팀에 어떤 의미가 있는지, 우리 회사에서 어떤 비중을 갖는지를 알려주고 책임감과 자긍심, 주인 의식을 갖도록 한다.

확신은 열정에서 나온다. 전문가적으로 접근하고 정보를 조직원들과 나눈다. 구세대 리더는 정보를 나누는 것을 두려워한다. 반대로 젊은 리더십이란 나눔과 공유를 뜻한다. 실력을 갖추고 커뮤니케이션하라.

군림하지 마라

무뚝뚝하고 퉁명스러운 직원, 복도에서 마주쳐도 인사를 제대로 하지 않는 직원이 있다. 또는 늘 자리를 비우고 영업인지 개인사인지 모를 일로 분주한 직원이 있다. 순간적으로 '관료주의적 적대심'을 갖게 되기 쉽지만, 적대심을 드러내거나 시스템적으로 해결하려 들면 안 된다. 특히 크리에이티브 한 직업군이나 직무를 가진 경우 직원의 태도를 관료적인 시각에서 판단하고 관리하려 하는 것은 역효과를 일으킨다. 인사를 잘하거나 자기 자리에 오래 앉아있다고 생산성이 오르지는 않는다. 차라리 성과를 우선으로 하고 업무 효율을 가져올 수 있는 다른 아이디어를 고안해내는 것이 낫다. 영업직이라면 실적으로, 기획이나 창조적인 직무라면 결과로 판단하라.

멀티플레이어가 되라

당연한 얘기 같지만 의외로 많은 직장인들이 새로운 직무나 프로젝트를 맡는 것을 두려워하고 피하려 한다. 그러나 대부분의 새로운 일은 '필요하니까' 해야 하는 일이다. 회사는 그 일에 새로운 기대를 걸고 있고 때로는 그 프로젝트가 팀의 운명을 뒤바꿔 놓을 수도 있다. 새로운 일을 두려워하지 마라. 만일 그 일이 회사에서 중요하게 생각하는 일이라면 먼저 나서고, 가능하다면 테스크포스팀에 들어가도록 하라. 팀으로 일하게 되면 책임에 대한 부담은 조금 덜해진다. 그러면서도 열성적인 업무 태도에 주목을 받을 수 있게 된다. 또 테스크포스팀은 분야를 막론하고 결성되는 경우가 많다. 다른 분야의 정보를 얻고 기술을 습득해 멀티플레이어가 되는 좋은 경력을 쌓을 수도 있다.

빨리 결정하라

확실한 비전으로 우선순위를 정하고 정보를 공유하면 당연히 업무 효율이 높아지고 의사결정도 빠르게 진행된다. 결정을 빨리 내리지 못하는 경우는 크게 두 가지다. 하나는 책임지기 싫어서이고 다른 하나는 자신이 없어서이다. 그러나 어느 쪽도 결과물을 다르게 만들지는 못한다.

이미 상황에 대한 정보수집이 모두 끝났다면 결정은 빨리 내릴수록 좋다. 결정을 내리지 못하고 우유부단한 모습을 보이는 것은 오히려 무능력하고 눈치 보는 데 급급한 인상을 줄 수 있다. 특히 경험이 많은 팀장이나 간부일수록 빠른 결정이 스마트해 보인다.

전문가가 되라

조금만 나이가 들거나 경력이 쌓여도 아랫사람에게 질문을 하는 것을 피하려 한다. 어쩐지 상대가 나를 우습게 볼 것 같고 자칫하다

무시당할 것 같기 때문이다. 그러나 40대의 관리자가 20대의 신입에게 SNS에 대해 물어보는 것은 지극히 당연하다. 오히려 그런 것조차 묻지 않고, 그렇다고 자유자재로 활용하고 있는 것도 아니라면 '어떻게 저렇게 세상에 무관심할 수 있지?'라는 비난을 면치 못하게 된다.

연 1,000억 원대의 물류를 수주하는 L사의 Y부사장은 어린 직원에서부터 구내식당 직원, 회식장소에서 만난 레스토랑 매니저에게까지 온갖 질문과 관심을 보인다.

불치하문(不恥下問)이라는 말도 있다. 끊임없는 질문은 다양한 정보를 습득할 수 있고 프로를 만들어준다.

트렌드를 읽어라

제대로 권한다면 아침에 출근하자마자 오전 중으로 6개의 신문을 읽어야 한다. 그것이 안 되면 최소한 경제신문 한두 개는 정독할 것을 권한다. 이미 중견 간부 이상은 모두 그렇게 하고 있다. 한 조사 결과 중견 간부 아래 직원들은 단 한 개의 경제신문도 읽지 않는 것으로 나타났다.

경제신문에는 경제전문 기사 외에도 많은 세상사와 트렌드, 이슈가 들어있다. 경제신문을 매일 읽는 것만으로도 다양하고 풍부한 화제를 갖게 된다. 또 가장 업투데이트(up-todate)한 정보력을 갖게 된다. 스마트폰의 경제신문 애플리케이션을 출근길 버스나 지하철 안에서 훑어보는 것도 좋은 방법이다.

페이퍼 워크에 충실하라

최근 들어 페이퍼 워크의 중요성에 대해 무뎌져 가고 있는 추세다. 전산화, 시스템화의 결과지만 진짜 프로들은 페이퍼로 승부한다. 꼭 양이 많고 화려한 파워포인트와 형식일 필요는 없다. 단 한 장에 일목요연하게 핵심만 정리해놓은 페이퍼가 정답이다. 페이퍼 워크를 통한 정기적이고 즉각적인 보고만큼 윗사람을 흐뭇하고 편하게 만드는 것은 없다. 당신이 모르는 사이에 많은 경쟁자들은 이미 그렇게 하고 있다는 사실을 알아야 한다.

한가지만 생각하라

베테랑 동물 조련사 중에는 난폭한 사자가 있는 우리에 들어갈 때 의자를 가지고 들어가는 이들이 있다. 그들은 만약의 사태를 대비해 허리춤에 권총을 차고 있는데도 의자의 네 다리를 사자를 향해 내민다. 이유는 간단하다. 사자가 자신을 향해 다가오는 의자의 네 다리에 초점을 맞추려고 애쓰게 되는데, 초점이 네 개나 돼 일종의 무기력감에 빠져들기 때문이다. 결국 집중력이 분산된 사자는 온순해진다.

이처럼 세상에는 초점을 맞출 만한 것들이 매우 많다. 하지만 정작 모든 것에 초점을 맞추려들면 들수록 초점을 상실하고 마는 것이 또한 세상의 이치다.

직장인이 업무에 가장 집중하는 시간은 언제일까. 한 취업포털 사이트가 직장인 463명을 대상으로 설문조사를 실시한 결과, 응답자의 절반에 가까운 42.1%가 "오전 10시에 가장 업무 집중력이 높다"고 대답했다. 반면, 27.4%는 "오후 2시에 업무 집중력이 가장 낮다"고 했다. 점심 후 오후 시간에 접어들면 집중력이 현저하게 떨어지는 것이다.

한편 일주일 중 업무 집중력이 가장 높은 요일은 화요일(34.8%)로 조사됐고, 21.2%는 월요일에 가장 업무에 몰입한다고 대답했다.

당신의 집중력은 어느 정도인가? 지금까지 살아오면서 완벽하게 집중한 경험이 몇 번이나 있는가?

인생의 성공은 지능지수가 아니라 집중력에 달려 있다. 집중력만 좋다면 지능지수 같은 수치는 아무런 의미가 없다. 머리 좀 믿고 까불었던 친구들 중 성공 가도를 달리는 경우는 거의 없다.

우리는 집중력에 관한 기적 같은 경험들을 기억 속에서 쉽게 끄집어낼 수 있다. 시험기간 몇 분 전에 집중적으로 공부해 좋은 점수를 받은 경험부터, 몇 달의 집중적인 공부로 전교 석차가 껑충 뛰어오른 경험들 말이다. 집중을 통해 맺은 놀라운 결실, 세상을 다 가진 것 같은 환희는 기억 속에서 결코 잊혀지지 않는 법이다.

한 가지의 화두(일)에 정신을 집중하라. 주제와 소재는 상관없다. 연인과의 문제, 친구와의 문제, 직장 문제부터 사소한 문제들까지 어떤 문제든 한 가지만 고르자. 화두를 잡았다면 거기에 모든 정신을 집중하라. 하지만 화두를 잡고 늘어지는 것은 말처럼 그렇게 쉽지 않다. 다른 잡다한 생각들이 시시각각 끼어들어 어느새 전혀 엉뚱한 생각을 하게 된다. 생각이 의지와 별다른 관련이 없다는 것을 절감할 것이다.

생각이 바뀔 때마다 정신을 차리고 처음의 화두로 되돌아와라. 처음에는 30분 동안 30번은 다른 생각으로 빠져나가는 것을 경험할 것이다. 하지만 첫술에 배부를 수는 없다. 매일같이 반복하다 보면 어느새 그 횟수가 줄어드는 것을 알게 될 것이다. 그리고 어느 날 단 한 가지 생각에 집중하는 자신을 발견할 수 있다.

반복적인 훈련은 놀랄 만큼 집중력을 높여준다. 그 뒤 집중력을 발휘해 30분 동안 할 수 있는 일들을 매뉴얼로 만들어 보자. 30분 동안 할 수 있는 일들이 의외로 무궁무진하다는 것을 깨달을 수 있을 것이다.

한 가지만 생각하라!

잡념을 과감하게 떨쳐버리고 오직 한 가지 화두에 매달려라. 당신이 사자인지 고양이인지는 상관없다. 네 개의 초점에 혼란을 겪는 무기력한 사자보다는 하나에 초점을 맞출 수 있는 고양이가 훨씬 더 무서운 법이다. 한 가지 화두를 붙잡을 수 있는 집중력에 인생의 성공 열쇠가 있다.

쉬려면 제대로 쉬어라

살다보면 누구나 지치고 힘들 때가 있다. 나의 능력치는 70밖에 안 되는데 100을 해내야 한다는 압박감과 스트레스로 인해 힘들어하는 것이다. 100명이면 100명 모두 인생의 구체적인 목표는 각양각색이지만, 결국 한 가지 목표로 귀결되는 게 또한 인생이다.

그렇다. 인생의 목표는 바로 '행복'이다. 그런데 행복하기 위해 눈코 뜰 새 없이 뛰고 있는 와중에 갑자기 원론적인 질문이 발길을 잡아끄는 경우가 있다.

'정말 나는 행복한 거야?'

주위를 돌아볼 여유도 없이 열심히 앞만 보고 달리는 어느 날 주화입마와 같은 한계점이 찾아든다.

가족과 이야기를 나눠보려 해도 괜히 걱정만 끼치는 것 같아서 망설여지고, 상사나 동료와 상의해볼까 하지만 자칫 능력 없는 사원으로 보일까봐 속앓이만 하는 경우가 많다. 이런 위기상황이 왔을 때 어떻게 해야 현명하게 대처해 나갈 수 있을까.

어린 시절 배웠던 토끼와 거북이의 경주를 살펴보자. 먼저 질문 하나. 정말 경주에서 토끼가 거북이에게 질 수 있을까. 알다시피, 이 이야기는 거북이처럼 느릿느릿 가도 꾸준히 가는 습관과 빠르게는 가지만 꾸준하지 못한 습관을 통해 토끼의 딜레마를 보여주고자 하는 것이다.

여기서 누가 더 빠른가는 중요하지 않다. 아울러 거북이처럼 느릿느릿 가기만 하면 된다는 충고 역시 요즘은 전혀 먹혀들지 않는다. 거북이처럼 느릿느릿 갔다가는 딱 잡혀먹기 좋은 것이 요즘 세상이기 때문이다.

지금은 거북이를 벤치마킹한 토끼가 되어야 한다. 재빨리 뛰면서도 지치지 않는 지구력을 겸비한 다재다능한 인간이 되어야 하는 것이다. 그렇다면 딜레마에 빠지지 않고 거북이의 근면함을 벤치마킹하는 토끼가 되기 위해서는 어떻게 해야 할까.

토끼가 지칠 수밖에 없는 이유를 살펴보면 해답을 찾을 수 있다. 토끼는 너무 빨리 뛰어서 지치는 게 아니다. 토끼는 빨리 뛰는 게 당연한 동물이다. 빨리 뛰어서 지치는 게 아니라 빨리만 뛰기 때문에 지치는 것이다. 만약 빨리 뛰면서도 잠시 짧은 휴식을 가졌더라면 결코 코를 골며 자는 일은 없었을 것이다.

우리가 하루하루를 최선의 노력을 다해 사는 것은 옳은 일이다. 그러나 빨리 달리면 달릴수록 쉽게 지치는 법이다. 그럴수록 휴식이 필요하다.

에너지가 모두 소진될 때까지 전력질주하지 마라. 중간중간에 잠시라도 휴식을 고르게 취하라. 일이 지치고 힘들게 느껴지는 것은 나만 느끼는 어려움이 아니다. 지금 옆에 있는 직장 상사도, 동료도, 인간이라면 모두가 한번씩은 겪는 일이다.

쉴 때 제대로 쉬어라. 쉼이란 앞으로 나아갈 수 있는 힘을 만드는 재충전의 시간이다. 제대로 된 휴식을 취하지 못하면 그만큼 업무의 효율성이 떨어지게 된다. 효과적인 자기계발을 위해서라도 제대로 된 휴식은 반드시 필요하다.

문제의 원인과 결과에 주목하라

우리는 종종 아주 어려운 문제에 부딪히곤 한다. 또 가정이나 직장에서 간혹 한 가닥 마음의 올이 이리저리 묶여 꼬일 대로 꼬인 실타래를 만들곤 한다. 실타래처럼 뒤엉킨 복잡하고 어지러운 상황 속에선 어디서부터 문제를 해결해야 할지 가늠하기가 매우 어렵다. 실타래를 붙잡고 한 올 한 올 풀 생각에 눈앞이 아득할 것이다. 훌훌 떨치고 도망가고 싶은 생각도 들 것이다. 아예 눈에 띄지 않게 외면하면 될 것도 같다. 그러나 외면은 더 어려운 상황을 초래할 뿐이다.

하지만 인생은 정말 아이러니하다. 매듭을 찾을 수 없던 절망스런 시간이 지나면, 어느 순간 눈앞에 얼키고설킨 실타래의 첫 매듭이 선명하게 떠오른다. 그때 당신은 후회의 탄성을 지르며 무릎을 칠 것이다.

왜 그때는 그 단순한 생각을 하지 못했을까!

시간이 한참 흐른 뒤에야 나타나는 원인과 해결책은 아무 도움도 되지 못한다. 그렇다고 어려운 문제에 봉착할 때마다 '시간이 모든 것을 해결해 줄 거야'라며 시간에 기대는 나쁜 버릇을 들일 수도 없다. 문제에 부딪친 지금 이 순간 문제를 풀 수 있느냐, 없느냐에 따라 인생의 항로가 바뀌기 때문이다.

뒤엉킨 문제에 처음부터 두려움을 갖지 마라. 인생을 송두리째 뒤틀 것 같은 막연한 두려움에 문제의 정확한 실체를 파악하지 못하고 있는 것은 아닌지 살펴라.

문제가 현상으로 불거질 때의 특징은 수면으로 떠오른 문제는 일부분일 뿐 수면 밑에는 다양한 문제들이 도사리고 있다는 것이다. 마치 북극 바다에 떠 있는 작은 빙산처럼 말이다. 하지만 당신은 장님 문고리 잡듯 겉으로 불거진 문제에만 주목한다. 수면 아래를 들여다볼 엄두가 나지 않기 때문이다. 결국 하나를 해결하는 미봉책으로 문제를 뒤로 떠넘기기만 하는 경우가 허다하다. 그래서는 근본적인 문제가 해결되지 않는다. 두려움을 떨치고 수면 아래를 내려다보자. 겉으로 드러난 문제는 정신을 산란시키는 일종의 가벼운 트릭이라고 생각해라. 숨겨진 뿌리를 찾아 제거하면 표면적인 문제는 어느새 신기루처럼 사라진 것을 볼 수 있을 것이다.

살아가는 데 있어 일의 원인과 결과를 깊이 생각하라. 현상의 표

피만을 주목하지 마라. 사건의 전개과정에서 인과관계의 연결고리를 못 보는 사람은 비가 내리는 드넓은 바다를 봐도 단조로운 풍경으로 밖에 보지 못하는 것과 같다. 그러나 눈앞에 벌어지는 현상의 속살을 들여다보면 원인과 결과의 끊임없는 반복에 따라 현상이 전개된다는 것을 알 수 있게 된다. 엊그제 날이 무더웠기에 바닷물이 증발하며 구름이 만들어졌고, 비로소 오늘 비가 내리고 있다는 것을 이해하는 것처럼.

자연에 순응하며 자신을 수양하기 위해 노력하고, 인생의 한없는 풍요로움을 자각하라. 끊임없는 자기 수양 끝에 얻은 통찰력만큼 오랫동안 변함없이 만족감을 주는 행복은 없다. 그리하면 인생의 고통은 줄어들고, 보다 풍요로운 행복을 얻을 수 있을 것이다.

당신이 봉착한 문제가 어려우면 어려울수록 오히려 해답은 아주 간단한 경우가 많다. 뒤엉킨 실타래 앞에서 맥을 놓고 있는가. 실타래의 매듭을 찾아라. 원인을 찾아라. 일이 꼬이게 된 복잡다단한 원인들을 하나하나 풀어가다 보면 어느새 문제의 해답이 선명하게 드러날 것이다.

현상과 결과에만 집착하지 말고 원인을 차근차근 들여다보자. 그러면 걱정했던 만큼 문제가 심각하지 않다는 것을, 혹은 가볍게 여겼던 문제가 생각보다 심각하다는 것을 깨달을 수 있을 것이다.

가슴이 시키는 일을 해라

'당신은 정말 하고 싶었던 꿈을 이루었는가?'

혹시 지금과는 전혀 다른 삶을 꿈꾸진 않았는가? 남들보다 더 뛰어나고 특별하다고 여기며 보다 멋지고 특별한 인생이 펼쳐질 것이라고 생각하진 않았는가? 그렇다면 당신은 평범하게 사는 사람들의 삶을 냉소적으로 바라봤을 확률이 높다. 하지만 그것도 잠시. 평범하게 사는 것이 무척 힘들다는 걸 알게 되었을 것이다.

대학을 나와 그럴듯한 직장이라도 잡고, 사랑하는 사람과 결혼해 가정을 이루고, 아이들을 낳아 교육을 시키는 게 정말 어렵다는 것을 절감했을 것이다. 어느새 한없이 초라하게만 보이던 부모님의 삶이 진정 위대한 삶이었음을 깨달으며 점점 '어른'이 되어 가고 있

을 것이다. 그러나 안타까운 것은 하루하루 열심히 살아도 마음 한
켠에는 사라지지 않는 욕망이 있다는 것이다. 지난 날 간절히 바랐
으나 이루지 못했던 꿈에 대한 욕망은 억누르면 억누를수록 튀어나
오는 용수철처럼 자라나기만 한다.

살아오면서 수많은 말을 들어왔을 것이다.

"이 일은 네 능력으로는 부족해" "키가 작아" "강하지 못해" "너
무 서툴러" "이번에는 양보해" 등등….

그들은 "할 수 없다"고 당신에게 수차례 말해왔고, 당신은 침묵
으로 그 말에 수긍했을 것이다. 그리고 뒤돌아선 그들의 등 뒤에 대
고 당신은 나지막이 이런 말을 쏟아냈을지도 모른다.

"너희 때문에 기회를 놓쳤어." "더러워서 못 살겠어." "나를 이렇
게 무시할 수 있어."

당신은 기회를 놓친 것, 경쟁에서 밀린 것, 손해를 본 것, 실패한
것 등을 모두 다 그들 탓으로 돌린다.

그러나 가슴에 손을 얹고 생각해보라.

정말로 그들 때문일까. 그들이 당신 인생의 발목을 잡은 걸까. 그
들이 당신에게서 기회를 빼앗아간 걸까. 그들이 당신을 주저앉힌
걸까.

아니다. 모든 원인과 잘못은 바로 당신 자신에게 있다. 지금의 당
신 모습은 어제와 과거의 당신이 만들어낸 작품이다.

왜 끝까지 반박하지 않았는가. 왜 한 번 더 어필하지 않았는가. 왜
바보처럼 고개를 숙였는가. 왜 당신의 꿈을 보여주지 않았는가.

당신 스스로에게 물어보라. 뜨겁고 지독한 간절함이 가슴 안에 있었는지….

로저 크로포드는 신체적인 약점을 갖고 태어났다. 그는 두 손이 없는 팔과 한쪽 다리만 가지고 있었다. 그 몸으로 과연 무엇을 할 수 있었을까. 일반적인 상식으로 생각한다면 절대로 답이 나오지 않는다. 그럼에도 불구하고, 테니스 선수의 꿈을 품었고 놀랍게도 그는 프로 테니스 선수가 되었다.

'한국의 폴 포츠'라 불리는 허각은 부모님의 이혼과 가난으로 우울한 시절을 보냈다. 그러나 그에겐 가수라는 꿈이 있었다. 환풍기 수리공에 작은 키, 뚱뚱한 몸, 평범한 얼굴. 가수로서는 적합한 조건이 아니었지만 그는 신인가수 발굴 프로그램인 〈슈퍼스타 K2〉에서 당당히 1위를 차지해 가수의 꿈을 이뤄냈다.

어떻게 그것이 가능했을까.

그 답은 바로 '가슴이 시키는 일'을 했기 때문이다.

상식적으로는, 이성적으로는 도저히 불가능하고 승산이 없는 게임이지만 지독한 간절함이 마음에 와 닿는 순간, 놀라운 능력과 에너지를 발산하게 된 것이다.

평범함을 뛰어넘어 비범한 삶을 사는 사람들, 불가능을 가능으로 바꾸는 사람들, 역경을 딛고 성공을 이루는 사람들…. 그들은 모두 '가슴이 시키는 일'을 했다.

가슴이 시키는 일을 하는 사람은 역경 속에서도 한 걸음 더 내딛을 수 있는 힘이 있다.

가슴이 시키는 일을 하는 사람은 세상의 질타와 무시 속에서도 당당함을 잃지 않는다.

가슴이 시키는 일을 하는 사람은 인생의 무게와 꿈을 바꾸지 않는다.

가슴이 시키는 일을 했기에 최고의 자리까지 오를 수 있었던 것이다.

언제까지 스스로 자신의 가능성을 죽일 것인가. 언제까지 자기 자신을 의심할 것인가. 언제까지 자기 자신을 낮출 것인가.

이제 당신 차례다. 상식을 뛰어넘어라. 머리를 뛰어넘어라. 가슴으로 살아라. 그 어떤 일이 있어도 이루고자 하는 목표를 포기하지 말고 끝까지 밀고 나가라. 그러면 반드시 아름다운 성과를 이뤄낼 수 있을 것이다.

가슴 위에 손을 얹고 느껴보라. 심장 박동 소리가 들리지 않는가. 꿈이 꿈틀대는 소리가 들리지 않는가. 열정이 불타오르는 게 느껴지지 않는가. 그게 본연의 당신이다.

당신은 살아있고, 당신은 여전히 꿈꾸고 있으며, 당신은 간절히 원하고 있다. 당신 안의 기적을 믿어라. 그 믿음으로 벌떡 일어나 '할 수 있다'고 외쳐라. 그리고 망설임 없이 지금 하라.

머리가 시키는 일이 아닌 '가슴이 시키는 일'을 지금 당장 하라!

당연하게 생각했던 것을 의심하라

한 기자가 빌게이츠에게 물었다.

"세계적인 부자가 된 특별한 비결이라도 있습니까?"

하지만 빌게이츠의 대답은 너무도 실망스러웠다.

"저는 날마다 제 자신에게 두 가지 최면을 걸어요. 하나는 '오늘은 왠지 큰 행운이 있을 것 같다'는 것이고, 다른 하나는 '나는 무엇이든 잘 할 수 있다'는 것입니다. 그 외에 특별한 비결은 없습니다."

빌게이츠에게 중요한 것은 자기 자신에 대한 생각 그 자체였다. 생각이 모든 것을 좌우한다는 것을 가장 잘 말해주는 사례가 아닐까 싶다. 생각이 바뀌면 행동이 바뀌고 행동이 바뀌면 결과도 바뀌게 되기 때문이다.

창의와 자율이 중요한 것은 바로 이런 이유 때문이다. 창의와 자율이 보장된 조직에서는 생산성이 오르게 돼 있다. 그렇지 않은 조직에 비해 새로운 아이디어가 많이 쏟아져 나오기 때문이다.

많은 사람들이 아이디어를 우연히 발견한 것처럼 생각한다. 하지만 아이디어는 전략과 창의력이 합쳐진 것이다. 즉 전략적인 구성과 지식 없이는 좋은 아이디어를 만들기 어렵다.

예를 들어, 뉴턴이 만유인력의 법칙을 발견한 것은 우연히 사과가 떨어지는 것을 보았기 때문일까. 그렇지 않다. 뉴턴이 연금술에 대한 지식을 알고 있었기 때문이다. '물체의 변화에는 반드시 에너지가 작용한다'라는 연금술의 핵심이론을 뉴턴이 알고 있었기에 사과가 떨어지는 것을 보고 어떤 에너지가 작용했는지 파헤칠 수 있었던 것이다.

아이디어의 적은 바로 고정관념이다. 고정관념에서 탈피하기 위해서는 '거꾸로 생각하기', '상식을 깨뜨리기', '처음으로 되돌아가기' 등의 방법을 사용해야 한다.

고정관념의 벽을 넘은 뒤에는 아이디어를 구조화하기 위해 '카다로그법'과 '브레인스토밍'을 활용해야 한다. 이때 인간의 5감각이 서로 공유한다는 '공감각'의 개념, 속담이나 명언을 뜻하는 '아포리즘' 등을 활용하면 보다 매력적인 아이디어를 만들 수 있다.

당신은 창의적으로 사물을 바라보고 있다고 자부하는가?

창조적인 생각은 우주에서 떨어진 별똥별처럼 생뚱맞은 것이 결코 아니다. 우리들 일상생활에서 편리하게 쓰이는 수많은 발명품들은 기존의 사물을 '새롭게 바라본' 누군가의 창의적인 안목에 의해 고안된 것들이다.

'왜 그렇게 생각하지?' '왜 저렇게만 바라보지?'

가시철조망은 13살짜리 가난한 양치기 소년에 의해 고안되었다고 한다. 툭하면 울타리를 넘어 다른 농장의 작물에 피해를 주는 양들이 가시 돋은 장미넝쿨에 접근하지 못하고 피해 가는 것을 보고 발명한 것이다.

가시철조망의 사용량은 제1차 세계대전이 끝날 때까지 사용된 포탄의 양보다 훨씬 많았다고 한다. 그 결과, 가난한 양치기 소년이 가시철조망의 특허권이 끝날 때까지 벌어들인 돈은 공인회계사 11명이 1년 동안 계산하지 못할 만큼 엄청난 금액이었다고 한다.

그렇다. 우리가 그냥 스쳐 지나고 마는 익숙한 것을 새롭게 바라보는 생각은 많은 것들을 새롭게 만든다. 일상생활에서 편리하게 쓰이는 수많은 발명품들은 기존의 사물을 약간 다른 각도에서 생각하고 보는 자에 의해 또 다른 발명품이 되기 때문이다.

예술 역시 생각의 차이에 따라 훌륭한 작품으로 재탄생한다.

어떤 사람이 미켈란젤로의 아름다운 조각상을 보고 감탄하면서 물었다.

"보잘 것 없는 화강암에서 어떻게 이런 훌륭한 작품을 만들어낼 수 있습니까?

이에 미켈란젤로는 미소를 지으며 이렇게 대답했다.

"아름다운 형상은 처음부터 화강암 속에 있었던 것입니다. 나는 단지 불필요한 부분들만을 깎아냈을 뿐입니다. 당신의 눈에는 화강암 속에 깃든 아름다움이 보이지 않습니까?”

그렇다. 평범한 돌에서 보석을 발견할 수 있는 것이 예술가이다. 기존의 시각으로 생각 없이 답습만 한다면 훌륭한 작품이 나오지 않을 것이다.

당연하게 생각한 것들을 의심하라. 놀라운 일들이 일어날 것이다.

제주도에 가면 세계적으로 아름답기로 유명한 ‘분재예술원’이 있다. 중국의 장쩌민 전 주석이 30분을 머물려고 이곳에 왔다가 1시간30분 동안 머물며 성범영 원장의 분재 철학에 빠진 것으로 널리 알려진 곳이다.

분재한 나무는 보통 나무보다 3~4배 더 오래 산다고 한다. 그 비결은 분갈이에 있다. 2년에 한번씩 분갈이를 하면서 뿌리를 잘라주는 것이다. 뿌리를 잘라주면 나무는 자기 몸의 진액을 짜내어 또 뿌리를 내린다. 그 뿌리가 분 안에 가득 채워지는데 2년이 걸린다. 그러면 또 인정사정 보지 않고 뿌리를 잘라준다.

이 뿌리를 ‘고정관념’으로 설명할 수 있다. 사람은 2년 정도 반복된 생활을 하다 보면 고정관념의 틀 속에 갇히게 된다. 고정관념 속에 빠져들면 새로운 것을 보거나 듣기가 힘들어진다. 고정관념은 꼭 깨어져야 할 우리의 적과도 같다. 끊임없이 고정관념의 틀을 깨는 사람만이 성공의 열매를 맛볼 수 있다. 나아가 사소한 일상에서 행복을 찾기 위해서도 고정관념을 깨야 한다.

우리에게는 무엇보다 ‘사물을 새롭게 바라보는 습관’이 필요하

다. 평범한 돌에서 보석을 발견할 수 있기 위해서는 남들이 보지 않
는 부분을 찾아내야 하는데, 기존의 시각을 답습만 한다면 불가능
하기 때문이다. 이 새롭게 바라보는 습관은 달리 말하면 '창의성'이
라고 할 수 있다.

기록은 기억보다 강하다

지금 당신은 수첩을 가지고 있는가? 만일 그렇지 않다면 당신은 성공한 사람이 아니거나 앞으로도 성공할 가능성이 낮은 사람이라고 할 수 있다.

삼성그룹 창업주인 이병철 전 회장은 소문난 '메모광'이었다. 그는 새벽에 목욕을 한 뒤 제일 먼저 그날 할 일을 메모했다. 그의 수첩에는 그날 챙겨야 할 일, 확인할 일, 만날 사람, 점심 약속, 전화하거나 방문할 곳, 구입할 물건, 상 주거나 벌 줄 사람, 구입할 책, 신문에서 본 자료 등이 적혀 있었다고 한다.

이렇듯 성공한 사람들은 늘 비장의 수첩을 지니고 있다. 기업인, 발명가, 예술가, 창작인, 개그맨 등 직종에 관계없이 최고의 자리에

오른 사람들을 보면 그들은 늘 메모가 습관화되어 있다.

기업인은 비즈니스 내용을, 발명가나 예술가는 번쩍하고 떠오르는 영감의 순간을 포착해 기록하며, 개그맨은 기가막힌 웃음의 소재를 기록할 것이다.

언젠가 TV에서 떡공예 전문가의 이야기를 다룬 프로그램을 본 적이 있다. 전문가는 늘 손에 수첩을 가지고 다니며 떡공예에 응용할 스케치를 쉬지 않았다. 그만큼 그 일에 열정을 가지고 있었고, 최고가 되기 위한 노력을 멈추지 않았다.

이와 마찬가지로 누구든 자신의 일에 몰두하면서 수시로 든 생각들을 메모했다가 실행하면 성공에 이를 수 있다.

석유 왕 록펠러는 '수첩왕자'였다. 그는 늘 주머니에 빨간 수첩을 가지고 다니며 생각나는 것이나 개선점을 적었다가 지시하곤 했다. 그가 빨간 수첩을 꺼내들면 임원들은 긴장한 나머지 식은땀을 흘렸다고 한다.

적어야 산다. 요즘은 수첩 대신 스마트 폰 메모장을 활용해도 좋다. 이것이 바로 성공을 위한 소위 '적자생존의 법칙'이다.

20대 젊은이들이 가장 닮고 싶은 사람으로 꼽히는 안철수 교수 역시 메모의 고수로 꼽힌다. 그는 "항상 사람들이 쫓기다 보면 바쁜 일만 하게 되고, 정작 중요한 일을 빼먹는 경우가 있다. 그런데 사실은 중요한 일을 먼저 해야지 그 사람의 인생이 달라질 수 있다. 메모를 해두면 바쁜 일에 휘둘려서 깜박하고 중요한 일들을 못하고 넘어가는 일을 많이 막을 수 있다"며 메모의 중요성에 대해서 강조했다. 또한 박원순 서울시장 역시 취임과 동시에 서울시민들의 희망사항을 적은 메모지로 시장실을 꾸미며 화제가 되었다.

그 밖에도 레오나르도 다빈치, 뉴턴, 슈베르트, 에디슨 등 역사상 천재로 불렸던 인물들 대부분은 '메모광'이라는 공통점을 가지고 있다.

다양한 정보와 톡톡 튀는 창의성이 주목받는 시대다. 이 둘의 효율성을 최대한 발휘할 수 있는 수단이 바로 '메모(memo)'이다.

우리는 하루에도 수많은 생각을 한다. 대부분이 어제 했던 고민의 연장선상에 있는 쓸데없는 고민들이지만 가끔 신선한 아이디어가 떠오를 때도 있다. 그러나 인간의 기억력은 정말이지 짧기만 하다. 어떤 기억은 하루를 넘기지 못한다. 아니, 몇 분을 넘기지 못하는 경우도 적지 않다. 특히 신선한 것일수록 우유처럼 유통기한이 짧다. 이것이 우리가 메모를 해야 하는 이유다.

메모는 중요한 일을 잊어버리지 않게 해 실수를 줄여줄 뿐만 아니라 상상하지 못한 순간에 튀어나오는 창조적인 발상을 기록하게 도와준다.

메모를 정리하는 것은 삶을 정리하는 것과 같다. 크고 작은, 바쁘고 덜 바쁜 일과 계획들이 뒤죽박죽된 일상을 정리하는 데 있어 메모만큼 효과적인 수단은 없다. 기억하라.

기록은 기억보다 강하다. 메모하라.

'안 된다'고 좌절하지 마라

새로운 일에 대한 욕구가 싹튼다는 것은, 실패의 가능성 역시 싹 튼다는 얘기다. 지겨운 밥벌이의 하루 일과 속에서 꿈을 찾아 노력하는 매 순간이 실패와 좌절의 씨앗을 품고 있기에 당신은 수시로 두려움에 떨 수밖에 없다. 그러나 두려움의 씨앗을 뿌린 사람은 그 누구도 아닌 바로 당신이다. 따라서 당신이 뿌리고 키운 두려움 역시 당신만이 없앨 수 있다.

그렇다고 해서 마음속에 자라는 새로운 욕구에 너무 부담을 갖진 마라. 그보다는 세심한 노력으로 감싸고 열정을 쏟아부어야 한다.

예컨대 당신이 오래달리기 경주를 할 때 첫 번째 바퀴에서는 느슨하고 가볍게 뛰고, 두 번째 바퀴부터 서서히 가속도를 붙여야 하는 것처럼 일을 할 때도 적절한 페이스가 필요하다. 처음부터 없는 능력을 갑자스럽게 만들 수는 없다. 그렇다. 당신의 몸에 익숙한 나태와 버릇을 하루 만에 없앨 수는 없는 법이다.

실패에 대한 두려움과 성공에 대한 흥분은 섣부른 오버페이스를 일으켜 실천에 옮기기도 전에 계획 단계부터 좌절하게 만든다. 봄날 새싹들이 움트기도 전에 다시 눈이 내려 새싹이 얼어 죽는 것처럼 말이다. 무엇인가 해보려고 노력도 못한 채 욕구의 싹이 시들어버린다면 다음에 다시 도전할 때도 지난번에 겪은 실패의 어두운 그림자가 엄습하게 마련이다.

"내 사전에는 성공에 대한 단 1%의 불안감도 존재하지 않았습니다."

오두막 몇 채밖에 없는 바닷가에 세계 최고의 조선소를 짓고, 자전거도 못만들면서 자동차를 만들기 시작한 고 정주영 현대그룹 회장은 늘 그렇게 말했다.

좌절에 빠져 있다고 남에게 결코 하소연하지 마라. 살다보면 동정을 얻으려다가 반대로 비난을 얻는 경우가 많다. 하소연은 위신만 깎을 뿐이다. 울화가 치밀어도 배짱을 부리는 것이 연민 속에 한탄을 하는 것보다 훨씬 낫다. 어떤 사람들은 자신들이 겪은 부당함을 하소연하여 새로운 부당함의 계기를 만들기도 하고, 타인의 도움과 위안을 얻으려다가 도리어 그들의 경멸을 사기도 한다. 타인에게서 받은 호의를 다른 사람들에게 자랑해 그에게도 비슷한 의무를 지우는 것이 훨씬 더 뛰어난 수단이라는 것을 명심하라.

　결코 '좌절'이라는 단어를 떠올리지 마라. 좌절의 씨앗은 두려움을 먹고 자라는 독버섯과도 같다. 입에 담는 순간, 우리는 좌절에 중독되고 말 것이다.

포기하지 않으면
언젠가는 꼭 이루어진다

너는 무엇을 대체 얼마나 했느냐?

그녀의 발이 저를 나무랍니다.

인정합니다.

엄살만 심했습니다. 욕심만 많았습니다.

– '발레리나 강수진의 발' 기사 중

멕시코 중서부 시에라 협곡에는 타라후마라 부족이 살고 있다. 그랜드캐니언에 비교될 만큼 높고 험준한 협곡에 사는 그들은 인류학자들의 오랜 연구대상이다. 어디를 가든 걷거나 달리는 방식을 고수하고 있기 때문이다. 덕분에 달리기를 잘 하는 부족으로 그 명성이 자자하다.

그러나 그들에게 달리기는 취미가 아니다. 그들에게 있어 달리기는 생존방식이다. 어려운 환경에서 살아남아야 하다보니 자연스럽게 달리기를 잘 하게 된 것이다. 이들은 사냥을 할 때도 쉬지 않고 끝까지 달림으로써 사냥감을 지치게 하여 사냥에 성공한다.

즉, 사냥 목표를 한 번 정하면 눈앞에 다른 동물이 있더라도 목표를 바꾸지 않고, 사냥감이 지칠 때까지 쫓아 반드시 잡고야 만다.

세계적인 발레리나 강수진, 축구선수 박지성, 피겨 퀸 김연아의 발이 화제가 된 적이 있다. 그들의 발은 수많은 상처와 굳은 살, 피멍으로 가득했다. 심지어 기형적으로 문드러지고 변해 마치 희귀병을 앓고 있는 듯 했다. 그러나 사람들은 그들의 발을 보며 가슴 뭉클한 감동을 받았다. 바로 그 발이 그들의 삶을 단적으로 보여줬기 때문이다.

그들의 발은 끊임없는 노력과 인내, 고통을 대변했다. 나아가 한 번 정한 꿈과 목표에 대한 그들의 바람이 얼마나 간절하고 확고했는지를 보여줬다.

미래를 준비하고 생각하고 계획했던 것을 과감히 행동으로 옮기는 사람이 있는가 하면, 마치 머물 항구를 정하지 못하고 바다 한가운데 표류하는 배처럼 위태로운 시절을 보내는 사람도 있다.

눈을 감고 생각해보라. 당신은 전자인가, 후자인가.

만일, 전자라면 자신의 10년 후, 20년 후, 50년 후의 모습을 상상하며 흐뭇한 미소를 지을 것이다. 그러나 후자일 경우 미간에 깊은 주름이 잡히고 앞으로 닥쳐올 인생이 두렵고 아찔할 것이다.

지금은 참으로 중요하다. 성공에 눈을 뜨고 꿈을 향해 전진하고 성취를 맛볼 시기다. 그러기 위해선 행동 하나, 말 한 마디에 당위성이 있어야 하며 확신을 갖춰야 한다. 막연함과 모호함으로 타인을 따라하거나 흉내를 내는 건 곤란하다.

남들이 공무원 시험 준비를 하니까 맘에도 없고 자신도 없으면서 책상에 앉아있거나, 남들이 영어회화 학원에 다니니까 덩달아 졸린 눈으로 새벽반에 자리만 채우고 있거나, 경쟁자가 보니까 읽지도 않으면서 서점에서 자기계발서를 뒤적거리고 있지는 않는지 한 번쯤 자신을 되돌아보고 점검해보자.

성공한 사람들의 삶은 어떠했을까. 그들은 분명 달랐다.

투자의 전설이며 세계적인 부자인 워렌 버핏을 보자. 그는 컬럼비아대학 비즈니스 학교에서 최초로 주식투자를 미시적 관점에서 분석한 벤 그레이엄 교수를 만났다. 그것을 계기로 그는 주식투자에 더더욱 관심을 갖게 되었고 잠을 자는 시간 외에는 주식투자에 대해 연구했다. 그의 방은 온통 여러 기업들의 연례보고서와 각종 투자회사의 투자안내서로 가득 차 있었다.

그렇다면 빌 게이츠는 어떠했는가. 그는 이미 20살에 친구인 폴 앨런과 함께 뉴멕시코 주 앨버커키에서 마이크로소프트사를 설립하였다. 그리고 20대 중반에 퍼스널컴퓨터에 사용할 운영체제 프로그램을 개발하는데 성공했다. 그걸 계기로 눈부신 성장을 한 것이다. 그들은 꿈에 미쳐 있었고 그 꿈을 멈추지 않고 끝까지 이어나갔다.

당신의 꿈은 무엇인가? 당신의 꿈은 당신의 행동 속에 녹아 있는
가.

유감스럽게도 아직 꿈을 정하지 못했다면 일단 행동을 멈추고 꿈
에 대해 생각하라. 꿈과 목표가 있어야 행동에 당위성이 생기고, 행
동이 더욱 과감해지며 속도가 붙는 것이다. 허공에 집을 지을 순 없
지 않는가.

꿈과 미래가 없는 사람들은 막연한 기대감을 갖기 마련이다.

내일은 지금보다 더 좋겠지, 나의 30대는 20대보다 더 멋지겠지,
나의 노후는 장밋빛처럼 아름답겠지 등등. 물론 긍정적으로 미래를
그리는 건 좋다. 그러나 아무런 대책이나 노력도 없이 더 낫기를 기
대한다면 그건 욕심이고 허황된 꿈에 불과하다.

남들은 뛰어가는데 오늘 당신이 걸어갔다면 내일은 분명 남들과
더 많이 차이가 날 것이다. 남들과의 거리를 좁히기 위해선 결국 당
신도 열심히 뛰어야 한다. '언젠가는 되겠지' 라는 소득 없는 생각
에서 벗어나야 한다. 막연한 기대감 대신 꿈을 칼끝에 세워야 한다.

신문기자이며, 2005년 〈타임〉지가 선정한 '가장 영향력 있는
100인'에 뽑힌 작가 말콤 글래드웰는 그의 저서 『아웃라이어』에서
시간투자와 성공에 관한 상관관계를 '1만 시간의 법칙'을 통해 이
렇게 밝힌 바 있다.

"어느 분야에서든 세계적 수준의 전문가, 즉 마스터가 되려면
1만 시간의 연습이 필요하다. 작곡가, 야구선수, 소설가, 스케이트

선수, 피아니스트, 체스선수, 숙달된 범죄자, 그 밖의 어떤 분야에서든 연구를 거듭하면 할수록 이 수치를 확인할 수 있다. 1만 시간은 대략 하루 3시간, 일주일에 20시간씩 10년간 연습한 것과 같다. 어느 분야에서든 이보다 적은 시간을 연습해 세계 수준의 전문가가 탄생한 경우를 발견하지는 못했다."

씨앗을 뿌렸다고 해서 모든 식물이 꽃을 피우는 건 아니다. 거름도 주고 물도 주고 적당한 바람과 햇볕을 받아야만 꽃망울을 터트릴 수 있다. 꽃도 잘 보살피고 관리해야만 풍성하고 아름다운 꽃을 피울 수 있듯 우리의 인생도 그렇다.

우리는 아직 만개하지 못한 꽃이다. 그 꽃을 찬란하고 아름답게 피우기 위해선 꿈과 열정이라는 거름과 자기발전을 위한 절대적인 시간을 투자해야 한다. 또한 도중에 포기해서는 안 된다. 끝까지 가야 한다. 강한 자가 살아남는 게 아니라 살아남는 자가 강하다는 말이 있지 않은가.

중요한 건 말이나 이론이 아니라 행동이다. 먼저 마음을 움직이고, 그 다음 생각을 채우고, 그리고 행동으로 보여줘라. 그러면 우리는 틀림없이 지금까지와는 다른 나로 발전할 것이며, 미숙하고 철없는 내가 아닌 최고의 나, 최고의 인생으로 새롭게 태어날 것이다.

한 번 가보자. 멈추지 않는 한 발전할 것이다. 끝까지 해보자. 누구나 세상 사람들의 주목을 받을 수 있다. 그 비밀은 바로 눈앞에 있다. 지금 손을 뻗어라.

지금 당장 시작해야 한다.

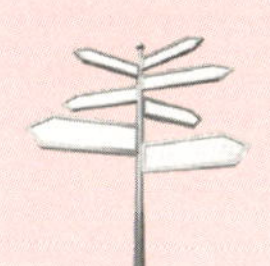

잘못된 일에 'No'라고 당당히 말하라

직언이란 때로는 목숨을 담보로 해야만 하는 지극히 위험한 일이다. 옛부터 충신이라는 이름 아래 얼마나 많은 사람들이 그 역린을 건드려 죽음을 당해야 했던가. 그러나 역사는 언제나 충신의 직언에는 찬사를, 충신을 죽인 왕과 간신배들에게는 야유와 조소를 아끼지 않았다.

진나라 소왕이 왕릉을 장군으로 삼아 조나라 수도 한단을 공격했을 때의 일이다. 이때 진나라가 자랑하는 명장 백기는 병환 중이라 참전하지 못했다.

싸움의 상황은 별로 신통치 못했다. 계속해서 증원군을 보냈지만 오히려 지휘관을 다섯 사람이나 잃었을 뿐이었다. 그러자 소왕은 백기를 왕릉 대신 장군으로 삼아 출정시키려 했다.

그러나 백기는 한사코 사양하면서 다음과 같이 말했다.

"한단은 수비가 단단하여 쉽게 공격하기 어려운 곳입니다. 더욱이 다른 나라들의 구원병들이 속속 도착하고 있습니다. 그것은 다른 나라들이 오래 전부터 적개심을 가져왔기 때문입니다. 우리가 장평 싸움에서 승리는 했지만, 우리도 병력의 반 이상을 잃었으며 지금 국내는 텅 비어 있는 실정입니다. 이런 때에 멀리 황하를 건너고 산을 넘어 다른 나라의 수도를 공격하게 되면 조나라가 안에서 응전하고 제후들이 밖에서 우리를 공격해올 경우 매우 어려운 지경에 빠지게 됩니다.

지금은 공격할 때가 아닙니다. 백성들을 휴식하게 하고 다른 나라들이 어떻게 나오는지 살피십시오. 두려워하여 복종해오는 나라는 받아들이고 오만하게 구는 나라는 토벌하십시오. 그런 다음 모든 나라에게 호령하게 되면 천하를 평정할 수 있습니다.

'신하에게 굴복하고 천하에 이긴다'는 말은 이러한 경우에 해당되는 것입니다. 만약 신의 말을 묵살하시고 끝내 조나라를 공격하시면 그것은 '신하에 이기고 천하에 패하는 격'이 됩니다. 신하에 이기시어 권위를 과시하는 것과 천하에 이기시어 그 명성을 드날리는 것 중 무엇이 좋겠습니까?

패한 나라는 되돌릴 수 없고 죽은 병졸은 살려낼 수 없습니다. 신은 패장(敗將)이 되기보다는 차라리 죽음을 택하겠습니다. 다시 한번 살피시옵소서."

그러나 소왕은 백기의 의견을 묵살하고 다시 출전 명령을 내렸다. 하지만 묵묵부답이었다. 다시 범수를 시켜 설득했지만 끝내 백기는 병을 핑계로 움직이지 않았다.

할 수 없이 소왕은 왕릉 대신 왕흘을 장군으로 임명해 한단을 포위한 후 공격했지만 열 달이 되도록 함락시키지 못했다. 이때 초나라의 춘신군과 위나라의 신릉군이 지휘하는 수십 만 명의 구원군이 진나라 군대를 급습했다. 결국 진나라는 이 싸움에서 수많은 사상자를 내고 패하고 말았다.

이 소식을 들은 백기는 탄식하며 말했다.

"내 의견을 듣지 않더니 결국 이렇게 되었구나! 이제 어떻게 할꼬."

이 말을 전해들은 소왕은 크게 노해 어떻게든 백기를 출정시키려고 했지만 그 뜻을 이룰 수 없었다. 결국 백기는 병졸로 강등되어 음밀(陰密)이라는 벽지로 이주하라는 명령을 받았다. 하지만 병으로 인해 자꾸 연기되고 있었다.

화가 난 소왕은 백기에게 즉시 떠나도록 명령했고, 백기가 왕궁의 서문에서 10리쯤 떨어진 두우(杜郵)라는 땅에 이를 즈음, 사자를 보내 스스로 목숨을 끊을 것을 명령했다.

그러자 백기는 칼을 뽑으며 탄식했다.

"내가 무슨 죄를 지었기에 이렇게 죽어야 하는가?"

그러나 한참을 생각하던 그가 다시 말했다.

"아니다. 이렇게 된 것은 당연하다. 장평의 싸움에서 항복한 수십

만 명의 군사를 생매장시켰으니 죽어 마땅한 죄라 할 것이다.”

그리고 스스로 목숨을 끊었다.

진나라 소왕 50년 11월의 일이다. 이 소식을 들은 백성들은 그의 죽음을 안타까워했다. 이후 진나라의 모든 마을에서 백기의 제사를 지내게 되었다.

“오늘 저녁 술 한 잔 어때?”

“오늘 중으로 보고서 끝낼 수 있지?”

“자, 이번 안건은 내 의견대로 가자고. 이견 없지?”

몸이 피곤해 집에 가서 일찍 쉬려고 하거나 아니면 저녁에 공부를 좀 하려다가도 친한 동료가 술 한 잔 하자고 하면 군말 없이 따라가거나, 오늘 중으로 끝내는 게 무리인 줄 알면서도 상사의 요구에 가타부타 말없이 무조건 복종하지는 않는가. 분명 잘못된 판단임에도 무조건 밀어붙이는 상사의 말에 꿀 먹은 벙어리가 되지는 않는가.

좋고 싫음의 확실한 자기 표현을 할 줄 하는 것은 커뮤니케이션의 중요한 요소이다. 무조건 시키는 대로 하는 것이 아니라 자기 주장을 말 할 수 있는 사람이 모든 일이든 소신껏 적극적으로 잘 해나갈 수 있는 것이다.

‘NO!’라고 말해야 할 때는 ‘NO’라고 말할 수 있는 용기와 지혜가 필요하다. 하지만 윗사람 혹은 조직적인 체계 안에서 상사의 뜻을 거스른다는 것에 익숙지 않은 사람들은 이 때문에 괴로워한다.

'NO'라고 말해야 할 때 'NO'라고 말하지 못한 결과, 자신의 인생을 불행하게 한다든지, 인생의 파멸을 가져오기도 한다. 자신만이 아니라 자신의 가족과 자신이 근무하는 회사에 불행한 사태를 불러올 수도 있다. 자신의 의지를 상대에게 능숙하게 전달하지 못해, 의롭지 않은 일을 해야 한다든지 자신의 의지와는 상관없는 일을 하지 않으면 안 되는 상황에 빠진다. 직장에서도 상사에게 'NO'라는 의사표시를 할 수 없기 때문에 납득할 수 없는 일을 하게 되고, 업무가 끝나면 불평을 하는 샐러리맨이 많다. 사람에 따라서 이 같은 스트레스가 병이 되는 사람도 있다.

'NO'라고 말할 수 없었던 것만으로 최종적으로 그 책임을 지게 되어 명예를 실추 당하거나, 퇴사하거나, 사회적인 비판을 받게 되는 수도 있다. 이처럼 부정행위에 대해서 'NO'라고 말해야 할 때 그렇게 하지 못하는 것은 사회에 대한 죄가 되는 동시에 자신에 대한 죄가 된다. 물론 그 죄에 대한 책임 역시 크다.

사람들은 직장생활에서도 거부할 수 있는 권리를 갖고 있다는 사실을 자주 잊고 살아간다. 그러나 때로는 거부할 줄 아는 것도 인생에 있어서 커다란 처세술 중 하나이다.

직장생활이나 인간관계에서 당신에게 쓸데없이 요구하는 것들을 과감하게 거부하라. 무리한 부탁에 대해 승낙하면 할수록 세상은 당신을 가볍게 판단해 갈수록 무리한 요구를 하게 된다.

당신이 직장생활에 주인의식이 있다면 'NO'라고 당당하게 말할 수 있는 용기가 필요하다. 주장을 굽히지 말고 논쟁을 즐겨라. 주위의 빈축을 사는 경우도 많지만 이러한 반작용을 견뎌내는 것 또한 주인의식을 키우는 중요한 요소이다. 기업의 의사결정은 한 사람의 결정으로 되는 것이 아니다. 많은 사람들에게 자신의 의견을 전달하고 이해시키기 위한 고통스런 노력이 필요하다. 상사의 말을 무조건 따른다면 당신의 존재가치는 무엇인가.

반대로 의사 결정 과정에서는 이 눈치 저 눈치 보며 아무 말도 없다가, 정작 결정이 난 뒤에 수군거리는 못난 사람들이 정말 많다. 그러나 결과가 나오면 겸허히 수용하는 태도가 필요하다. 마찬가지로 당신에게 'NO'라고 당당히 말하는 이를 가까이하라. 감언이설보다는 고언을 아끼지 않는 사람이 당신의 직장생활에 큰 도움을 줄 수 있다. 또한 자신의 욕구에도 단호하게 'NO'라고 말할 줄 알아야 한다. 자신을 극복하지 못하는 사람은 결코 성공할 수 없다.

Part 4 시간을 지배하라

'시간이 없다'는 핑계는 이제 그만!

'수불석권(手不釋卷)'이라는 말이 있다.

'손에서 책을 놓을 틈 없이 열심히 글을 읽어 학문을 닦는다'는 뜻이다. 최근 들어 이 말이 더욱 실감나고 있다. 평생직장이라는 말이 사라지면서, 학교를 졸업하고 취업한 후에도 계속적인 자기계발이 요구되고 있기 때문이다.

샐러리맨(Salary man)과 스튜던트(Student)의 합성어인 '샐러던트(Saladent)'란 말에서 알 수 있듯 최근 직장인들의 자기계발 열풍은 그야말로 대단하다. 하지만 그 열기에 비해, 만족스러운 자기계발 결과를 얻은 사람들은 그리 많지 않다. 어떤 사람은 열심히 하는 것만이 최선이라고 하지만, 일과 공부를 병행해야 하는 샐러던트들에게는 정해진 시간에 그 효과를 배가시키는 노하우를 아는 것이 더 중요하다.

모든 일의 성패는 기획보다는 실행에 달려 있다. 늘 책상 앞에서 계획만 짜지는 않았는지, 탁상공론은 아니었는지 되돌아볼 필요가 있다.

직장인들이 자기계발을 못하고 있는 이유로 가장 많이 사용하는 평계가 바로 '시간이 없다'는 것이다. 하지만 자기계발에 성공하기 위해서는 시간을 지배할 줄 알아야 한다. 출퇴근길, 화장실, 미팅 전 등 하루에 멍하니 보내는 시간을 더해보면, 최소 1시간 정도의 시간은 매일매일 버려지고 있다는 것을 발견할 수 있을 것이다. 따라서 자기계발을 위한 시간을 따로 만들기보다, 이와 같은 자투리 시간들을 절대 그냥 흘려보내지 말고 알차게 활용하는 것이 중요하다.

유명한 소설가와 친구 사이에 있었던 이야기다. 친구는 뛰어난 감수성으로 인해 어린 시절부터 늘 주위의 부러움을 사던 인물이었다. 반대로 소설가는 열심히는 하는데 감수성이 모자라다는 평가를 들어야만 했다. 그러나 세월이 흘렀을 때 둘의 입장은 완전히 뒤바뀌었다.

감수성이 뛰어났던 친구는 그냥저냥 넥타이 부대의 일원이 되었지만, 소설가는 문단의 스포트라이트를 받는 유명 작가가 되었다. 젊었을 때는 자신보다 못했다는 데서 오는 모멸감이었을까. 젊은 날의 꿈을 접지 못한 친구는 매일 소설가 친구를 불러내 소주를 들이키며 푸념을 늘어놓았다. 급기야 배꼽친구라는 이유 때문에 따끔하게 충고 한번 못하던 소설가는 결국 친구를 다그치고 말았다.

"자네는 늘 시간 타령만 하는군. 자네, 기억하나? 1년 전에도, 3년 전에도, 10년 전에도 항상 똑같은 말만 되풀이했던 것을. 만약 자네가 시간 타령을 늘어놓는 동안 글을 썼다면 어떻게 됐을까? 하루에 원고지 3장씩만 꼬박꼬박 썼어도 1년에 1,100매 분량의 장편소설을 쓸 수 있었을 것이네. 매년 한 권씩 말이지."

"문학이 무슨 풀빵을 찍는 기계라도 된다는 거야?"

친구가 반박하자 그가 살짝 미소를 지으며 다시 입을 열었다.

"그럼 나는 풀빵 찍는 기계인가 보군. 나는 오늘도 술자리가 끝나면 집에 가서 원고지 3장을 채워야만 잠을 잘 테니 말야."

결국 친구는 다시는 그 앞에서 시간 타령을 하지 못했다고 한다.

"너 시간 좀 있니?" "지금 몇 시냐?" "쉬는 시간은 왜 이리 빨리 가지?"

이처럼 우리는 일상생활에서 시간이라는 말을 흔히 사용한다. 그렇다면 시간이란 무엇일까? 물리학에서 말하는 시간의 정의는 시각(時刻)과 시각 사이의 간격 또는 그 단위를 말한다고 한다. 즉, 자연현상이 물리적으로 반복될 때, 그 현상이 되풀이되는 주기가 바로 물리적 시간인 것이다. 지구가 태양 주위를 도는 공전과 지구 자체의 자전 현상이 바로 그러한 것들이다. 태양 주위를 돌면서 계절이 변하고, 지구가 스스로 돌면서 하루가 가는 것을 생각해 보면 쉽게 짐작이 간다.

그러나 이러한 물리적인 시간의 개념 이외에 심리적 시간이라는 것이 있는데, 이것은 개인의 경험에 좌우되는 주관적 시간을 말한다. '시간이 쏜 살 같이 흐른다'거나 '군대시계는 왜 이렇게 안 가지?'와 같은 표현에서 알 수 있듯이, 같은 길이의 물리적 시간일지라도 개인마다 다르게 느껴지는 것이 바로 주관적 시간이다. 보통 장년기를 지나면서 세월의 흐름이 빠르게 느껴지는 것도 바로 심리적 및 생리적 시간의 결과이다.

시간이란 모든 것을 창조하는 근본이면서도 무엇이라고 딱히 설명할 수 없는 불가사의한 것이다. 없으면 절대로 안 되고, 일분일초도 그냥 흘려버릴 수 없는 시간으로 인해 모든 것이 가능하다. 시간이 없다면 아무것도 존재하지 않는다.

인류에게 일정량의 시간이 주어진다는 것은 매일 기적이 일어나고 있는 것과 다름없는 정말 놀라운 일이다. 또한 개인에게 주어진 시간은 그 누구도 훔칠 수 없다. 거지의 시간을 왕이라고 훔칠 수는 없다. 시간이 많이 주어진 사람도, 시간이 적게 주어진 사람도 없다. 시간이야말로 가장 기본적이면서도 기초적인 민주주의의 대표적인 사례인 것이다. 이처럼 시간 앞에서는 모든 것이 평등하며, 평등한 기회가 주어진다. 부에 따른 특권 계급도, 지적 능력에 따른 특권 계급도 존재하지 않는다. 천재라고 해서 여분의 시간이 더 주어지는 것은 결코 아니다. 더군다나 시간이라는 둘도 없는 귀중품을 아무렇게나 낭비하더라도 괘씸죄에 걸려 공급이 중단되는 일이 벌어지지도 않는다.

"그 녀석은 시간을 줄 가치도 없는 바보다. 시간 공급을 중단해!"

시간을 허투루 소비한다고 누가 이런 말을 할 수 있겠는가. 시간은 정부가 발행하는 공채보다도 훨씬 정확하다. 게다가 가까운 장래의 시간을 끌어당겨 미리 사용할 수도 없다. 유일하게 가능한 일이라고는 지금 지나가고 있는 현재라는 시간을 낭비하는 일뿐이다.

아침에 눈을 뜨면 당신의 지갑 속에는 기적과도 같은 빳빳한 24시간이 가득 채워져 있다. 24시간이야말로 인생에서 가장 귀중한 재산이다. 당신은 지금 이 순간을 낭비해서는 결코 안 된다. 24시간은 오직 당신만을 위해서 존재할 뿐이다. 당신만을 위한 기적이다. 자, 당신 앞에 놓여 있는 기적과도 같은 24시간을 어떻게 할 것인가?

– 법정 스님의 '시간이란 무엇인가?' 중에서

돈으로 시간을 살 수는 없지만 시간으로 돈을 살 수는 있다

회사를 창업해서 부자가 된 나이 많은 사장에게 한 젊은 직원이 물었다.

"사장님은 부러운 것이 없겠어요. 돈도 많고, 회사도 잘 되니 뭐가 걱정이겠어요. 안 그래요?"

이에 사장은 다음과 같이 말했다.

"그렇게 생각하나? 하지만 난 오히려 자네가 부럽네."

깜짝 놀란 직원이 어리둥절한 표정을 지으며 반문했다.

"네, 제가 부럽다고요? 농담하지 마세요."

사장은 흐뭇한 미소를 지으며 직원을 향해 다시 말했다.

"농담이 아니네. 자네는 시간을 가지고 있지 않은가? 자네가 가지고 있는 시간은 이 회사보다 더 큰 회사를 만들 수도 있고, 나보다 훨씬 더 많은 행복을 누릴 수도 있네."

『탈무드』에 나오는 이야기로, 시간이 얼마나 중요한지 말해준다.

많은 사람들은 돈을 시간보다 소중히 여기곤 한다. 하지만 그 누구도 시간을 돈으로 살 순 없다.

인도가 영국의 지배를 받고 있을 때, 어느 날 간디가 회의를 소집했다. 간디는 회의시간에 정확히 나타났지만 아무도 발견할 수 없었다. 5분여가 지나서야 사람들이 하나둘씩 모이기 시작했다. 이윽고 사람들이 다 자리를 잡았을 때 간디는 비통한 어조로 말문을 열었다.

"지금 여기 모인 사람들은 5분 이상 늦었습니다. 5분의 시간을 소홀히 여기면 안 됩니다. 인도의 독립도 그만큼 늦어졌다는 사실을 명심하십시오."

시간은 너무도 소중한 것이다. 우리가 80년을 산다고 했을 때, 잠자는 데 20년, 일하는데 20년, 먹는데 6년, 노는데 7년, 차타고 가는데 6년, 치장하는 데 5년, 전화 거는 데 1년(여자는 남자 보다 더 길 것이다), 담배 피우는 데 2년 반, 사람을 기다리는 데 3년 반, TV나 신문 보는 데 5년, 신발 끈을 매는데 반년이 걸린다고 분석을 한 적이 있다.

시간은 너무도 빨리 흐른다. 그만큼 우리 인생도 빨리 지나고 있다. 하루가 모여서 일주일이 되고 일주일이 한 달이 되고 한 달이 1년을 이루고 1년이 우리 인생을 이루게 된다. 어느 하루 소중하지 않은 날이 없는 것이다. 그러므로 오늘을 귀하게 사용해야 한다. 오늘은 결코 다시 돌아오지 않는 시간이다. 오늘이 내 인생의 마지막이라고 생각한다면 보다 의미 있는 시간을 보낼 수 있을 것이다.

시간의 소중함을 아는 사람은 인생을 결코 헛되이 보내지 않을 것이다. 우리는 지나간 시간들에 대해서도 후회하는 경우가 많다. 유대인의 최고 경전인 『탈무드』에 이런 말이 나온다.

"매일, 오늘이 네가 끝나는 날이라고 생각하라. 매일, 오늘이 네가 시작하는 날이라고 생각하라."

매우 의미 있는 말이다. 오늘부터 내 인생이 시작된다고 생각해 보자. 새로운 희망과 기대로 가슴이 벅찰 것입니다. 어떻게 살아갈까? 무슨 일을 할까? 어디로 갈까? 흥분과 희열로 가슴이 벅찰 것이다.

시간을 어떻게 활용하느냐에 따라 인생의 행복과 불행, 성공과 실패가 결정된다. 돈을 꾸어주면 다시 받을 수 있지만 한 번 흘러간 시간은 영원히 되돌려 받을 수 없다. 시간은 오직 앞으로만 흐르기 때문이다.

누구나 지금 이 순간은 한 번 밖에 체험할 수 없다. 만일 우리가 인생을 두 번 살 수 있다면 지금과는 매우 다른 인생이 될 것이다. 그런데도 귀중한 시간을 망각하고 자신들만의 생각대로 살아가는 사람들이 있다.

한 번 지나가버린 시간은 결코 돌아오지 않는다. 누구도 흘러간 시간을 되돌릴 순 없다.

누구에게나 똑같은 하루 '24시간' 그러나 그 차이는 크다

시간의 주인이 되어라.

누구나 성공하기를 원하지만 성공하는 사람은 그리 많지 않다. 성공하는 방법을 모르거나 알고 있더라도 그대로 실천하지 않기 때문이다.

하루는 분명히 24시간이다. 누구에게나 똑같이 주어진 시간이다. 그러나 누가, 어떻게 활용하느냐에 따라서 그 가치는 천차만별이다.

시간 활용을 보다 과학적이고 효율적으로 하는 사람과 그렇지 못한 사람 사이에는 아주 큰 차이가 난다.

바쁘기는 한데 성과가 없는 사람은 시간관리를 잘 못하고 있을 가능성이 높다. 어떤 사람은 늘 여유가 있는 것 같은데 많은 일을 잘하는 것을 볼 수 있다. 그만큼 시간관리를 잘하기 때문이다.

시간관리를 어떻게 하느냐에 따라 인생이 달라지기도 한다. 시간을 잘 관리하기 위해서는 몇 가지 점검해야 할 사항이 있다.

첫째, 자신이 시간을 몰고 다니고 있는지 아니면 밀려다니는지를 살펴봐야 한다. 대부분의 사람들은 시간에 밀려다닌다. 그래서 여유가 없고 항상 바쁘다. 칼자루를 쥐어야 하는데 칼날을 쥐고 있기 때문이다.

시간관리의 칼자루를 쥐기 위해서는 아침을 부지런하게 시작하는 것이 중요하다. 아침에 방해받지 않는 1시간은 일상 시간의 2~3시간에 해당하기 때문이다.

아침을 여유롭게 시작하면 그만큼 자신을 정리하고 여유롭게 시간을 활용할 수 있다. 그런데 대부분의 사람들은 시간에 떠밀리듯이 일어나서 하루를 시작하며 하루종일 시간에 밀려다닌다. 그러면서 시간이 없다고 늘 하소연한다.

많은 사람들이 기상 시간을 수동적으로 결정한다. 9시 출근이면 9시에서 자동차로 걸리는 시간을 빼고, 식사하는 시간, 화장실 가는 시간 등을 뺀 후 일어나는 경우가 대부분이다. 이렇게 수동적으로 기상시간을 정하지 말고 능동적인 기상시간, 즉 5시면 5시, 6시면 6시로 정해서 일찍 하루를 시간하는 습관을 갖는 것이 필요하다.

일찍 일어나서 운동도 하고 명상도 하고 여유롭게 하루를 시작하게 되면 워밍업을 하고 운동 경기에 나가는 선수가 될 수 있다. 수동적인 기상시간으로 하루를 시작하는 사람은 몸도 풀지 않고 운동장으로 뛰어나가는 선수와 같기 때문에 두 사람의 컨디션 차이는 매우 크며, 결과 역시 마찬가지이다.

두 번째는 중요한 일과 그렇지 않은 일을 잘 구별하고 시간의 완급을 선별하여 행하는 것이 중요하다.

아침에 할 일을 정리하면서 중요하고 시급한 일, 중요하지 않지만 시급한 일, 중요하지만 시급하지 않은 일, 시급하지도 않고 중요하지도 않은 일을 구분하여 첫 번째 일부터 처리하는 것이 필요하다.

바쁘게는 다니는데 성과가 나지 않은 경우는 바로 이러한 일의 중요도를 잘 선별하지 않기 때문이다.

많은 사람이 중요하지도 않은 일을 붙들고 지지부진하게 시간만 끌고 있는 경우을 자주 보게 된다. 정확하게 중요성과 시급성을 잘 가려서 처리하는 습관이 시간관리의 중요한 요소인 것이다.

세 번째는 자투리 시간을 잘 활용하는 일이다. 우리는 의외로 아주 많은 시간의 자투리 시간을 무의미하게 흘려보낸다. 차타고 가면서 버리고, 남을 기다리면서 보내고, 멍하니 보낸다.

한 조사결과에 따르면 많은 사람들이 하루에 6시간 이상의 자투리 시간을 버리는 것으로 나타났다. 또 아무리 적은 사람도 3시간가량의 자투리 시간이 생길 가능성이 있다고 한다. 이러한 소중한 시간을 어떻게 활용하느냐가 매우 중요하다.

그 시간에 책을 읽는다든지, 타인과 커뮤니케이션을 한다든지, 운동을 한다든지, 인터넷 검색을 한다든지, 글을 쓰는 시간으로 활용하는 것이 가능한데도 멍하니 지나버리는 경우가 많은 것이다.

똑같이 주어진 시간이라고 할지라도 이렇게 시간을 얼마나 잘 관리하느냐에 따라서 우리에게 하루는 24시간 이상의 가치 있는 시간이 될 수도 있고 20시간 미만의 가치 없는 시간이 될 수도 있는 것이다.

쓸데없는 일에
시간을 낭비하지 마라

성공을 꿈꾸는 많은 사람들의 표본으로 꼽히는 벤자민 프랭클린은 지독하게 가난하고 형제가 많은 가정에서 열 번 째 아들로 태어났다.

일찍부터 인쇄 기술을 배운 그는 남들보다 몇 배 이상 열심히 일을 했으며 그 성실함을 인정받았다. 그리고 자신의 이름을 걸고 인쇄소를 차려 경영자가 되었다.

경영자로서 성공을 한 후에도 다양한 분야에 도전을 계속 했다. 우체국장을 하기도 하고, 과학 분야에 도전해서 피뢰침을 만들기도 했으며, 미국 독립선언문을 완성하기도 했다.

그가 이처럼 다양하고 많은 분야에 도전하고 성공할 수 있었던 이유는 스스로의 게으름을 경계하기 위해 1분 1초의 시간도 허비하지 않았기 때문이다.

그는 자신의 인생을 통해 한 사람이 얼마나 많은 일을 해낼 수 있는지 스스로 증명해보였다.

어느 날 그는 성공을 꿈꾸는 한 젊은이로부터 인생 상담을 하고 싶다는 전화를 받았다. 그는 흔쾌히 수락했고 약속시간을 정했다.

이윽고 약속시간에 맞춰 그를 방문한 청년은 활짝 열린 문 사이로 펼쳐진 방 안의 모습을 보고 깜짝 놀랐다.

'아니, 저명하신 분의 방이 어떻게 이렇게 엉망일 수 있지.'

그러자 청년의 마음을 읽기라도 한 듯 프랭클린이 말을 건넸다.

"방이 너무 지저분하지요? 문 밖에서 딱 1분만 기다려주세요. 대충 정리하고 다시 부르죠."

그리고 방 문을 살짝 닫았다. 채 1분이 되지 않아 방 문은 다시 열렸다.

프랭클린은 다시 반갑게 청년을 맞았다. 그때 청년의 눈앞에 펼쳐진 풍경은 좀 전과는 전혀 다른 모습이었다.

방 안의 모든 것들이 질서정연하게 정리되어 있었고, 두 개의 유리잔에는 금방 따른 향긋한 포도주가 담겨 있었다. 그리고 은은한 향수냄새가 방 안 가득 퍼지고 있었다.

청년이 마음속 가득한 인생과 사업에 관한 의문들을 토해내려는 찰나, 프랭클린이 먼저 입을 열었다.

"자, 건배합시다. 그리고 잔을 비운 후에는 그냥 돌아가도 좋아요."

어안이 벙벙해진 청년은 잔을 손에 든 채 프랭클린을 향해 물었다.

"하지만… 저는 아직 아무것도 여쭤보지 못했는데요."

프랭클린은 미소를 지으며 자신의 방을 둘러보았다. 그리고 조용히 말했다.

"들어온 지 이미 1분이 지났는데요."

"1분이요? 1분…"

청년은 뭔가 생각하는 듯 했다. 그리고 잠시 후 의문이 풀렸다는 듯 미소를 지었다.

"아, 알겠습니다. 1분 안에도 많은 것을 변화시킬 수 있다는 말씀이시군요."

프랭클린은 눈치 빠른 청년의 얼굴을 들여다보며 활짝 웃었다.

청년은 포도주를 단숨에 마신 후 감사하다는 말을 남긴 채 방을 나갔다.

프랭클린은 "삶을 사랑하는가. 그렇다면 시간을 낭비하지 마라. 왜냐하면 우리의 삶은 시간으로 이루어졌기 때문이다"고 말한 바 있다. 만약 우리가 1분 1초 아니, 삶의 매순간을 소중히 여긴다면 우리가 원하고 꿈꾸는 모든 일을 기쁘게 하면서 행복을 누릴 수 있을 것이다.

시간은 삶을 만드는 가장 소중한 재료 중 하나이다. 삶을 관리하는 것은 곧 시간을 관리하는 것이며, 시간을 관리하는 것은 삶을 관리하는 것이다.

'시간관리'의 개념을 '사건관리'의 개념으로 생각하라. 우리는 많은 면에서 우리 자신과 상황을 믿도록 길들여져 왔다. 그러나 내면의 평화를 얻고 싶다면 그런 영향에서 벗어나야 한다.

많은 사람들이 스스로 누군가를 통제하려고 한다. 하지만 그것은 처음부터 불가능한 일일뿐더러 시간 낭비다. 다른 사람의 일은 우리의 통제 영역 밖에 존재하기 때문이다. 통제할 수 있으면서 통제할 수 없다고 믿기도 한다. 예를 들면, 많은 사람들이 스스로 직장이나 어떤 조직에 구속되어 있다고 느낀다. 하지만 이것은 잘못된 말이다. 직장이나 조직은 자신이 좋아서 들어가고 다니는 것이지, 그것이 우리를 붙잡고 구속하는 것은 아니기 때문이다.

인간은 누구나 의미 있는 일을 하면서 살아간다. 문제는 그것이 우리의 눈에는 그다지 의미 있는 일로 보이지 않는다는 것이다. 그 이유는 뭘까.

삶의 시간에 대한 잘못된 관념에 젖어 있기 때문이다.

일례로, 우리는 현재보다 미래의 어느 날 더 많은 것을 성취할 수 있을 것이라고 생각하는 경향이 있다. 아울러, 우리가 시간을 어느 정도 절약할 수 있을 것이라고 생각한다.

실제로 지금 이 순간이 우리가 가질 수 있는 시간의 전부인데도 말이다.

만약, 지금 당신에게 마법의 시간을 몇 시간 준다면 당신은 그것을 어떻게 사용할 것인가? 무엇을 할 것인가?

　창조와 혁신의 아이콘, 세계에서 가장 일 잘 하는 CEO, 인류 역사에 가장 의미 있는 인물이란 평가를 받는 스티브 잡스가 얼마 전 세상을 떠났다. 그가 우리에게 남긴 말 중 가슴 깊이 새겨야 할 말이 있다.

　"난 죽음이 인생의 가장 훌륭한 발명품이라 생각합니다. 여러분의 시간은 한정되어 있습니다. 다른 사람의 삶을 사느라 시간을 낭비하지 마십시오."

모든 일에 '데드라인'을 정하라

한 대학 교수가 경영학과 학생들에게 열정적으로 강의했다. 그는 교탁 밑에서 항아리를 하나 꺼내더니 주먹만 한 돌을 항아리 속에 차곡차곡 넣었다. 항아리에 돌이 가득 차자 교수가 학생들에게 물었다.

"자, 항아리가 다 찼습니까?"

학생들은 이구동성으로 "네"라고 대답했다.

그러자 교수는 한동안 빙긋이 웃더니 모래를 한 그릇 꺼내 항아리에 부었다. 그는 모래가 돌 사이에 골고루 잘 들어가도록 항아리를 흔들었다. 교수가 다시 물었다.

"자, 항아리가 다 찼습니까?" 하지만 이번에는 학생들이 고개를 갸우뚱하며 아무 대답도 하지 못했다.

교수는 물을 한 주전자 더 꺼내 다시 항아리에 부었다. 그리고 학생들을 향해 물었다.

"자, 드디어 항아리가 다 찼습니다. 여러분은 무엇을 배웠습니까?"

한 학생이 대답했다.

"아무리 스케줄이 바빠도 계획적으로 일을 추진하면 일과 일 사이에 새로운 일을 처리할 수 있다는 겁니다."

그러나 교수는 고개를 내저었다.

"그게 아닙니다. 실험을 통해 우리가 배울 것은, 가장 큰 돌을 먼저 넣지 않으면 영원히 그 돌을 넣지 못할 것이라는 사실입니다."

모래로 가득 채워진 항아리에, 그것도 물을 부어 빈틈이 없게 된 항아리에 돌을 집어넣는 것은 모래나 물을 도로 퍼내지 않는 한 불가능하다.

교수는 학생들에게 강의를 통해 무조건 일을 많이 할 수 있도록 계획을 세우는 것보다 일의 순서를 정하고 중요한 일을 먼저 할 수 있도록 계획하는 게 더 필요하다는 사실을 가르친 것이다. 성공한 사람의 공통점은 무엇이 가장 중요한 일인지, 어떤 순서로 그 일을 해야 하는지를 알고 그대로 실행한다는 것이다.

여러 업무를 동시에 수행하고, 여러 사람이 관련된 일을 하다 보면 눈앞의 일을 처리하기에 급급하기 쉽다.

살다보면 중요하지 않은 일을 우선적으로 하다가 막상 자신의 성과와 직접 연결된, 중요한 일은 뒤로 미뤄 제대로 마무리 짓지 못하는 경우가 많다.

모든 일의 완급과 경중을 나눌 때 어떤 것을 '큰 돌'로 삼을지는 스스로 생각하기 나름이다. 충분히 사람마다 다를 수 있다. 그러나 보다 중요한 것은 자신이 '큰 돌'로 생각하는 것을 먼저 해야 한다는 것이다.

하루라도 앞서서 다음 날 해야 할 일을 미리 계획해 두지 않으면 큰 돌과 작은 돌은 뒤죽박죽이 돼 일의 우선순위가 잡히지 않을 것이다. 이것은 어려운 게 아니다. 습관이 안 되어서 그럴 뿐이다.

퇴근하기 10분 전 메모지에 다음날 해야 할 일을 적어서 컴퓨터에 붙여 놓는 일을 생활화하라. 진행 중인 일이 한결 부드럽게 마무리될 것이다. 이렇게 습관을 들이면 사소한 일에 귀중한 시간을 빼앗기는 어리석음은 반복하지 않을 것이다.

'급한 일'과 '중요한 일'을 구분하는 것이야말로 일의 성공적인 결과를 낳게 하는 포인트이다.

명심하라. 누구에게나 하루 24시간은 똑같다. 하지만 시간을 얼마나 효율적으로 사용하느냐에 따라 그 차이는 매우 크다.

'법구경'에 이런 구절이 있다. '내가 할 일이 무엇인가를 미리 생각하여 꾀하고, 마음을 다해 힘쓰면 때를 놓치지 않는다.'

『효율적으로 일하는 기술』의 저자 마쓰모토 유키오는 1년에 200회 이상 초청강연을 하는, 일본에서 가장 바쁜 사람 중 한 명으로 꼽힌다. 그는 "산더미 같은 일은 스스로 만든 업보다"고 말한다.

그는 "일 잘하는 사람이 되고 싶다면 시간관리를 잘하라"고 말한다. 하지만 정말 시간만 주어진다면 누구나 모두 일을 잘 해결해 나갈 수 있을까. 그는 '아니다'라고 단호하게 말한다. 시간을 아무렇게나 흘려버리는 사람은 아무리 많은 시간이 주어져도 마찬가지라는 것이다.

그러면 어떻게 해야 할까. 자신의 업무 스타일을 점검해서 비효율을 몰아내고 스스로 '효율체질'로 변신하라고 그는 주장한다.

모든 일은 Plan→Do→See→Check의 흐름으로 이루어진다. 그는 그 중에서 Plan을 가장 강조한다. 사전에 순서를 정하고 계획을 잘 세워야 일하는 과정의 낭비를 방지할 수 있다. 계획단계에서 시간손실, 작업 손실이 발생하지 않는 수순과 절차를 연구해야 한다. 아무리 면밀한 계획을 세우더라도 일을 시작해보면 계획대로 되지 않는 것이 보통이다. 이때 필요한 것이 See→Check이다. 자기 업무의 진행상황에 항상 눈을 번뜩일 필요가 있다. '계획을 세웠으니 그대로 진행시키면 되지 않겠나'하고 눈을 떼버리면 이내 방향을 잃고 헤매기 쉽다. Plan→Do→See→Check는 완결된 하나의 흐름이며 어느 하나도 빠지면 성립되지 않는다.

그 다음은 효율체질로 무장하는 일이다. 항상 머릿속에 '효율'을 담고 무슨 일을 하든 최우선으로 삼아야 한다. '확실하게 처리하지 않으면 업무가 완성되지 않는 부분'은 우선 견실하게 처리해 놓고, 거기서 비롯된 '하지 않아도 괜찮을 일'은 철저하게 잘라 버린다.

그런 판단력이 중요하다. 또 모든 일에 마감시간을 설정하는 것도 중요하다. 마감은 일에 의욕을 준다. 단기간의 일도 마감을 정해 밀어부치고, 완벽하지 않더라도 마감 안에 처리하는 습관을 들여야 한다.

특히 모든 일에는 '데드라인'이 있다. 모든 계획과 실행은 데드라인을 전제로 이루어진다. 만약 당신에게 주어지거나 스스로 계획하는 일에 특별한 마감 날짜가 없더라도 데드라인을 정한 뒤 일을 추진해야 한다. 비록 마감 날짜가 없어도 인생에는 분명 마감이 있기 때문이다.

무슨 일에 임하든 데드라인에 충실하지 않으면 그 가치는 반감된다. 단순히 친구와 저녁 약속을 해도 시간을 정하듯 항상 데드라인을 정해놓고 일을 처리해야 한다. 데드라인은 반드시 지켜야 할 사회와의 약속이기 때문이다. 데드라인에 대해 어떤 불평과 불만을 가져서는 안 된다. 자신에게 주어진 기한이야말로 일 자체만큼이나 더없이 중요하다.

주어진 기한에 맞추려면 하루에 어느 정도의 일을 해야 하는지를 설정하는 소규모 데드라인을 정하라. 하루하루의 성취가 없으면 결코 커다란 성취도 맛볼 수 없다. 아무리 사소한 일이라도 매일 조그만 데드라인을 정하고 성취도를 느끼며 성공을 이뤄나가는 것만큼 인간의 정신을 고양시키는 것도 없다. 자기 만족감뿐만 아니라 자신감이 생기기 때문에 어떤 어려운 프로젝트가 맡겨져도 두렵거나 실수가 생기는 일이 없게 된다. 그러므로 당신에게 큰 프로젝트가 맡겨졌다면 데드라인을 정하고 끊임없이 정진해야만 한다.

불멸의 경영 구루로 꼽히는 피터 드러커는 자신의 성공 요인 중 하나로 철저한 데드라인을 꼽았다.

그는 "일에 쫓기면 힘이 생기고 마감시간이 없으면 늘어지기 시작한다"고 말한 바 있다.

성공이란 하루하루 자기 성취의 밑바탕 위에 튼튼하게 쌓는 탑과도 같다. 무슨 일이건 데드라인을 정하라. 그러다 보면 비로소 인생 전체의 설계도를 완성할 수 있을 것이다.

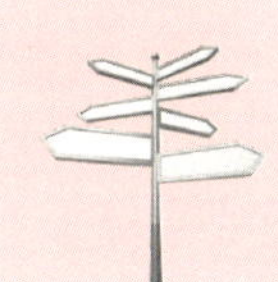

생각하는 시간을 확보하라

　누구나 한 번쯤 '어떻게 살아야 하나?' '내 삶은 가치가 있나?' '인생의 끝에 이르면 무엇을 깨닫게 될까?'라는 물음을 던지곤 한다. "인간은 묻지 않을 수 없다"라고 신학자 칼 라너도 말했듯이, 인간은 끊임없이 질문을 하는 존재이고, 이것을 통해 우리는 좀 더 인간답게 살 수 있는 삶을 모색하게 된다.

　그러나 하루하루 숨 가쁘게 살아가다 보면 인생을 돌아볼 여유조차 없을 때가 많다. 어떤 물음을 던져야 하는지, 나아가 그것에 대한 진정한 답을 찾기란 쉽지 않다. 철학자들은 이런 우리들에게 사유와 반성을 위한 시간을 갖고, 일생에 한 번은 절실하게 자신을 향해 물음을 던지라고 조언한다.

"인간이여, 너 자신을 알라!"

고래로 철학자들 사이에서는 인생을 좀 더 효과적으로 활용하기 위한 방법에 대해 의견들이 분분했다. 하지만 위의 한마디 말에 관해서는 지금까지 누구도 의문을 제기한 적이 없다. 이 말은 문학에 담긴 의미의 중요성을 파악할 수 있을 정도로 단순하면서도 가치 있는 말임에 틀림없다.

당신은 자신을 잘 알고 있는가?

정작 자기 자신을 정확히 알고 그에 맞게 행동할 수 있는 사람은 정신적으로 성숙된 극소수에 지나지 않는다. 거의 대부분의 사람들은 과대망상증에 걸려 있거나 혹은 정반대로 피해망상증에 걸려 있는 경우가 많다.

그렇다면 왜 당신은 자신을 제대로 알지 못하는가?

무엇보다 가장 큰 원인은 '반성하는 마음의 자세'가 없기 때문이다. 현대인의 생활에서 가장 크게 결여된 것이 바로 반성하는 자세다. 우리는 스스로를 돌이켜 반성하지 않는다. 행복이라든가, 추구하는 목표, 이성적으로 결단을 내리고 행동하는가, 생활신조와 실제의 행동이 일치하는지 등의 중요한 문제에 대해 간과하거나 망각하며 살고 있다.

그렇다면 행복을 좇고 있는가. 그래서 행복을 발견했는가. 행복을 성취한 사람은 행복이란 육체적, 정신적 쾌락에 있지 않고 이성을 풍부하게 가꾸고 자신만의 신념에 맞는 생활을 통해서 얻는 참된 가치에 있다고 자신 있게 말한다.

사실 우리는 어떻게 하면 행복을 찾을 수 있는지 아주 잘 알고 있다. 그러면서도 하루에 단 1분도 자신의 행동을 되돌아보고 깊이 반성하지 않는다. 정신적인 행복을 원하면서도 행복에 필요한 아주 작은 행동조차도 실행에 옮기지 않고 있는 것이다.

행동이 신념과 일치하지 않는다면 인생이란 무의미하기 짝이 없다. 행동과 신념을 일치시켜라. 그 방법은 매우 간단하다.

매일매일 반성하고, 그 반성을 토대로 단호히 행동하는 것이다. 도둑질한 사람이 결국에는 후회하고 고통스러워하는 것은 훔친다는 행위 자체가 자신의 신념에 역행하기 때문이다. 만일 그가 마음속 깊이 '훔치는 행위는 도덕적으로 매우 훌륭한 일이다'라고 생각한다면 후회하고 고통스러워할 까닭이 없다.

우리는 모두 행복할 수 있다. 그러기 위해서는 깊이 반성하는 시간을 가져야 하며, 무엇보다도 자신을 아는 일부터 시작해야 한다.

하루 안에 '내적 하루'를 만들어라

"사회생활에서는 어느 정도 명예도 쌓고, 돈도 벌었는데… 그것뿐입니다. 남은 게 없어요."

머리가 희끗한 중년 신사들 중 참담한 심정을 토로하는 이들이 적지 않다. 나이가 들어서 참담함을 겪는 이유는 대개 두 가지의 경우로 나눠볼 수 있다.

우선은 가족이다. 정신없이 앞만 보고 내달리던 어느 날 문득 주위를 둘러보니 외톨이가 된 느낌. 특히 가족에 대한 헌신에 익숙한 대한민국의 가장들에게 이와 같은 참담한 일들이 많이 벌어지고 있다. 가족을 위해 헌신하느라 가족과 함께 있지 못했더니, 늙어서 가족에게 되돌아갈 때가 되자 되레 가족에게서 따돌림을 당하는 것이다.

다음은 본연의 정체성이다. 젊은 날 꿈꿔왔던 참다운 인생의 궤도와는 한참 어긋나 버린 채 밥벌이에 치여 훌쩍 늙어버린 현실이 괴로운 것이다. 인생을 정리할 나이가 되어서야 인생의 참다운 의미에 눈길을 돌리게 되는 것이다.

"젊었을 때 열심히 사는 것은 당연한데… 늙어서 회의감이 들지 않을까, 그게 정말 두렵습니다."

앞날을 걱정하며 한숨짓는 이들에게 방법은 단 하나밖에 없다. 하루 안에 또 다른 하루를 만드는 것이다. 그것이 바로 '내적(內的) 하루'이다.

내적 하루란 큰 상자 속에 들어 있는 작은 상자와 같다. 이는 저녁 6시 퇴근부터 다음날 9시 출근 시각까지의 15시간을 또 다른 하루로 만드는 것으로, 15시간은 아침 9시부터 저녁 6시까지 오직 밥벌이를 위해 소비하는 시간들과 전혀 다른 성질의 시간이라는 것을 깨달아야 한다. 이 시간은 오직 정신을 살찌우고 몸을 강하게 단련시키거나, 가족 간의 유대와 애정을 쌓는 데만 쓰는 것이다.

밥벌이로부터 해방되는 내적인 하루는 외적인 성적표가 아니라 내적인 성적표를 결정짓는 시간이다. 내적 하루까지 굳이 돈을 벌 필요는 없다. (요즘에는 이 시간에도 돈을 더 벌려고 또 다른 일거리를 찾는 이들이 늘어나는 정말 안타까운 현상이 벌어지고 있지만) 당신은 잠에서 깨어 잠이 들기 전까지 악착같이 일해 많은 돈을 벌어 떵떵거리면 살고 싶지만, 한편으로 오늘 하루하루를 소중한 가족과 함께 즐겁게 보내고 싶기도 하다.

안타까운 것은 양자가 결코 양립할 수 없다고 늘 귀가 따갑도록 배워왔다는 사실이다. 사회생활에서 성공하려면 가정생활을 포기해야 하며, 가정생활에 충실한 남자치고 사회생활에 성공하지 못한다는 식의 어느 한 쪽의 희생이 당연하다는 논리 말이다. 실제로 가족의 풍족한 삶을 위해 가족과의 단란한 오늘을 포기하는 것이 마치 남자라면 갖춰야 할 대단한 미덕처럼 이 땅의 남자들은 배워왔다. 그러나 이런 생각은 한참 잘못된 생각이다.

하루에 또 다른 하루를 만든다면 결과는 달라질 수 있다. 내적 하루 동안에 자족에 충실하거나, 본연의 모습에 충실하다면 결과는 충분히 뒤바뀔 수 있다.

"외적 하루에도 충실하고, 내적 하루에도 충실하면 도대체 언제 쉽니까?"

내적 하루인 15시간에 정력을 쏟으면 다음날 밥벌이를 해야 하는 9시간에 능률이 떨어지지는 않을지 걱정할 수도 있다. 쓸데없는 걱정이다. 오히려 능률이 오를 가능성이 더 크다. 대다수의 사람들이 미처 깨닫지 못하는데 즐거운 마음으로 하는 노동은 쉽게 피로를 느끼지 않는 법이다.

예를 들어 내적 하루의 시작과 함께 밥 먹고 소파에 드러누워 TV를 보다가 맥주 한 캔 마시고 내일의 밥벌이를 위해 잠자리에 드는 A가 있다. 반대로 가족과 함께 산책하며 도란도란 이야기꽃을 피우고, 아이들이 잠들면 사랑하는 아내와 함께 시간을 보내고, 책을 읽다가 잠자리에 드는 B가 있다. B는 A보다 퇴근 후에 더욱 많은 활동을 하지만 다음날 A보다 더 피곤한 것은 절대 아니다. 오히려 활력을 얻을 수 있다. 잘 알지 않은가. 즐겁고 충만하면 힘이 솟고 덜 피곤하다는 것을.

개척자들이 삼림 속에서 새로운 토지를 개척하는 것처럼 새로운 '내적 하루'를 개척하자. 당신의 외적 인생이 아무리 찬란해도 함께 나누며 행복할 수 있는 가족이 없고, 스스로 만족하지 못한다면 아무런 쓸모도 없는 성공일 수밖에 없다.

아침형 인간이 될 것인가?
저녁형 인간이 될 것인가?

'아침형'이냐 '저녁형'이냐는 사람마다 타고난 체질과 생체리듬에 연동하는 것이다. 각각 유형이 필요한 업무나 생활도 독립적으로 존재한다. 또 개인의 라이프 스타일은 어차피 경험 영역이므로 특수성이 존중되어야 한다. 중요한 것은 시간을 얼마나 가치 있고 제대로 쓰고 있느냐는 것이다.

인생을 두 배로 산다는 아침형 인간, 퇴근 후 3시간을 활용한다는 저녁형 인간. 인간형 논쟁에 더 이상 스트레스 받지 말자. 아침형이든 저녁형이든 자기 페이스가 중요하다!

아침형 인간과 저녁형 인간은 생체 리듬이 다르다

전형적인 야행성 생활을 해온 4년 차 직장인 조은진(28)씨. 조씨는 그동안의 야행성 생활을 청산하기로 마음먹고 얼마 전부터 아침형 인간 프로젝트에 돌입했다. 새벽 2시가 넘어서야 잠들고 아침 8시 이후에나 일어났던 수면습관부터 먼저 뜯어 고쳤다. 되도록 밤 12시 이전에 자리에 누우려 애썼고 기상시간도 1시간 앞당겼다. 술자리는 주말로만 한정했다. 처음 한 달은 뜻대로 되지 않아 애를 먹었지만 두 달째에 접어든 지금 그녀의 생활에는 작은 변화들이 생기기 시작했다. 늘어난 아침 시간엔 간단한 식사와 함께 책을 읽는다. 전 같으면 꿈도 꾸지 못할 일이다. 허둥지둥 출근해 점심때까지 멍한 정신으로 앉아 있는 일도 없어졌다. 처음엔 왠지 밤 시간이 아깝게 느껴졌지만 일찍 잠들면 자연스럽게 일찍 일어나게 되고, 집중도 잘 된다는 걸 깨달았다. 무엇보다 몸이 한결 가벼워졌다. 요즘은 만나는 사람마다 피부가 좋아졌다며 비결을 묻는다. "아침형 생활 패턴이 생각보다 잘 맞는 것 같다"는 그녀는 "인생을 두 배로 사는 것까지는 몰라도 적어도 1.5배 정도는 더 여유로워졌다"며 만족해한다.

반면 프리랜서 디자이너 김현미(29)씨는 저녁에 더 힘이 나는 스타일이다. 오전에 일찍 출근하지 않기 때문에 오전 11시부터 몸을 움직이기 시작한다. 낮 시간은 주로 자료를 수집하거나 책을 읽고, 작업은 보통 저녁 무렵이 되어야 제대로 할 수 있다. 해가 뉘엿뉘엿질 때쯤이면 눈이 더 초롱초롱해지고 밤이 깊어지면 오히려 정신이 맑아진다. 좋은 아이디어가 나오는 시간대도 주로 밤 10시 이후. '성공하는 사람=아침형 인간'이라는 등식에 그녀는 결코 동의할 수 없다. 너도 나도 아침형 인간이 되어야 한다는 압박에 시달리는 것 역시 바람직하지 않다고 생각한다. 저녁형 인간도 효율적인 시간관리와 노력 여하에 따라 아침형 인간을 능가하는 효율을 올릴 수 있다고 믿기 때문.

"수년 째 저녁형 인간으로 살아오고 있지만 건강에도 이상이 없고 업무 성과도 남들에 비해 뒤떨어지지 않는다"고 말하는 그녀는 "자신의 업무 스타일이나 생활 패턴을 모두 무시하고 무조건 일찍 자고 일찍 일어나야 한다는 생각은 오히려 비능율적이며 저녁형 인간도 나름대로 규칙적인 패턴을 갖기만 한다면 아무 문제가 되지 않는다"고 자신했다.

아침형 인간과 저녁형 인간 중 어느 한쪽이 옳다고 단언할 수는 없다. 활동 패턴을 결정해 주는 수면 습관의 경우 워낙 개인차가 심하기 때문이다. 오랜 시간 몸에 밴 수면 패턴의 경우 쉽게 바뀌지도 않을 뿐더러 갑작스럽게 변화를 주는 것이 반드시 좋은 결과를 가져다 줄 것이라는 보장도 없다.

따라서 자신에게 맞는 수면 패턴을 찾아 규칙적으로 유지하는 것이 중요하다. 무엇보다 건강한 수면을 유지하는 것이 관건인데, 이를 위해서는 먼저 자신에게 가장 적합한 기상시간을 정해두는 것이 좋다. 그런 다음 각자 자신에게 맞는 수면시간을 정하고 그것에 맞추어 잠드는 습관을 들이는 것이다. 성인의 경우 하루 8시간 수면이 바람직하다는 것이 정설이지만 개인차에 따라 6시간만 자도 충분한 사람도 있다. 같은 시간을 자더라도 얼마나 숙면을 취했느냐에 따라 깨어 있는 시간의 질이 달라진다. 잠이 잘 오게 하려면 잠들기 2시간 전부터는 심한 운동이나 식사 등은 자제하는 것이 좋다. 또 간단한 스트레칭이나 산책 정도는 괜찮지만 심한 운동이나 과식 등의 활동은 몸의 근육을 긴장시키기 때문에 숙면을 방해한다.

한의학에서는 생체리듬이 체질의 영향을 받는다고 조언한다. 아침형 인간이 대세라고 해서 누구나 아침형 인간이 될 수 있는 건 아니라는 것. 한방에 따르면 양인의 체질을 가진 사람들이 아침에 눈 뜨기가 비교적 쉽다고 한다. 소양인이나 태양인처럼 몸 안에 양기가 많은 이들은 햇빛의 기운에 잘 부응하기 때문에 해가 뜨는 새벽부터 활기를 찾는다. 이런 사람들의 경우 집중력이 필요한 업무나 운동 스케줄을 오전에 잡는 것이 좋다.

반면 저녁 회의나 야근은 피하는 게 좋다. 저녁부터는 양기가 급격히 떨어지기 때문에 밤에는 충분한 휴식을 취해주어야 한다. 반면, 소음인이나 태음인처럼 음기를 갖고 태어난 사람들은 양기가 강한 아침에는 힘을 쓰지 못한다. 아침잠이 유난히 많고 오전 중에는 좀처럼 집중이 되지 않는 사람들의 경우 음인인 경우가 많다는 것. 이른 바 저녁형 인간형이라 할 수 있다. 이런 사람들이 애써 아침 일찍부터 움직이기 시작하면 금세 피로에 젖어 오후 내내 기운이 달리기 십상이다. 낮 시간을 적절히 활용하면서 오히려 퇴근 이후의 시간을 활용하는 것이 더 현명하다.

　프리랜서가 아닌 일반 직장인들의 경우 아무래도 저녁형 인간이 불리한 것이 사실이다. 이런 경우 늦잠 자는 습관을 고쳐 서서히 아침형 인간으로 생활 패턴을 바꾸어 나가는 것도 시도해볼만 하다. 단, 한꺼번에 생활 패턴을 바꾸기보다 기상 시간을 조금씩 꾸준히 당기는 것이다. 이를 위해 아침에 일부러 빛을 많이 쪼이는 생활습관을 갖도록 한다. 일어나자마자 창문을 열어 채광을 좋게 하는 것도 도움이 된다. 아침에 일어나는 것이 힘들면 기상시의 행동 패턴을 정해두는 것도 좋다. 가령 알람이 울린 뒤 이후에 해야 할 행동을 몇 가지 정해 두는 것이다. 깨자마자 들어야 할 음악을 정해둔다든지 물 한잔을 마시기로 한다든지 하는 규칙을 정해두고 실행에 옮겨보자. 또 새벽반 영어 강좌나 요가 강좌를 듣는 것이 절대로 불가능하다 싶은 저녁형 사람들의 경우 퇴근 이후 2~3시간을 집중적으로 활용해보는 것도 좋다.

아침 10분의 여유가 인생을 바꾼다

영화나 드라마를 보면 아침에 여유 있게 밥을 챙겨 먹고 커피까지 마신 후 여유롭게 출근하는 모습을 심심찮게 볼 수 있다. 하지만 현실은 그렇게 녹녹하지 않다. 아침에 일어나면 씻고 출근하기 바쁜 것이 우리들 대부분의 현실이다.

천천히 사는 삶, 여유로운 삶을 권하는 '슬로 라이프' 운동을 주창한 쓰지 신이치 일본 메이지대학 교수는 저서 『행복의 경제학』에서 진정한 행복을 위해서는 느린 삶을 회복해야 한다고 강조한다. 재일교포 2세로 문화인류학자이자 환경운동가인 그는 경쟁에 쫓겨 지내기보다 충분한 시간과 여유를 가지고 사는 것이야말로 삶의 진정한 풍요를 누릴 수 있는 길이라고 주장한다.

"풍요의 환상을 좇아 효율성과 생산성, 경제 성장과 소비 증대 등에 관심을 기울여 온 결과 생태계가 무너지고 온갖 분쟁이 발생하며 몸과 마음이 피곤해지고 병들게 됐다."

우리는 간혹 여유로운 삶을 게으름으로 혼동하는 경우가 많다. 하지만 여유는 게으름과는 전적으로 다르다.

한 정신과 전문의는 '게으름은 삶의 에너지가 저하되거나 흩어진 상태로 책임지지 않으려는 태도'라고 말한 바 있다. 반면, 여유는 삶은 삶의 방향성과 초점이 분명하고 자신의 열정과 재능이 변색되지 않으며 남에게 베푸는 생활을 영위함을 뜻한다.

여유 있는 사람은 긍정적인 에너지가 넘쳐나지만 게으른 사람은 우울, 분노, 불안, 두려움 등 부정적인 요소들에 쌓여 있다. 그들은 또 시간을 귀중히 여기지 못하고 자신과의 싸움에서도 번번이 실패하고 만다. 여유로운 사람이 가지는 시간과 게으른 사람이 가지는 시간은 큰 차이가 있다. 게으른 사람들이 게으른 일상에서 벗어나려면 시간을 자신의 것으로 만들어야 한다.

시간은 다른 자산과 달리 누구에게나 공평하게 주어지지만 사용하지 않으면 사라지는 특이한 도구이다. 시간을 여유롭게 즐기는 사람이 있는가 하면, 시간 분배를 제대로 하지 못하는 사람도 많다. 그들은 항상 시간에 쫓긴 나머지 일처리를 말끔하게 하지 못하곤 한다. 이에 대해 시간관리 권위자인 모 교수는 "시간을 어떻게 조정해 나가느냐에 따라 시간의 노예가 되느냐 시간의 지배자가 되느냐 결정된다"며 우선순위에 따라 일하고 일하는 시간과 휴식시사간을 조화롭게 구성함으로써 적당한 긴장감을 갖고 삶을 유연하게 운영하라고 조언한다. 나아가 시간관리의 본질적인 목적은 여유 있는 삶을 영위하기 위한 것이라며 살기 힘든 세상에 여유를 즐기며 살라는 말이 자칫 사치처럼 들릴지 모르나 여유는 성공의 필수조건이라고 말한다.

매일 이불 속에서 뒤척거리며 허투루 버리는 시간이 아깝지 않은가. 그 시간이 대략 10분이라면 한 달에 300분을 쓰레기통 속에 버리는 것이나 마찬가지이다. 나아가 1년에 3,650분, 10년이면 무려 36,500분을 낭비하고 있는 셈이다. 별 의미 없고, 매우 짧은 시간이라고만 생각했던 '10분'을 모으면 이렇게 어마어마한 시간이 된다. 놀랍지 않은가. 아니, 무엇보다도 정신이 번쩍 들지 않는가. 허둥대며 시작한 하루는 허둥대며 끝날 수밖에 없다.

아침 10분의 여유가 인생을 바꿀 수도 있다.

점심시간 1시간이 10년을 좌우한다

뉴욕 월가에는 '3(three) 마티니'라는 용어가 있다. 비즈니스를 위한 점심 약속에서 식전 술인 마티니를 세 잔 정도 마시며 용무를 끝내고 본격적인 식사 즐기기에 돌입하는 방식을 말한다. 세계적인 부호나 재벌들은 자신과 점심식사를 할 수 있는 기회를 돈을 받고 팔기도 하는데 워렌 버핏과 대화하며 점심 한 끼를 먹는 가격은 우리 돈으로 자그만치 22억 원이다.

최근 조사에 따르면 직장인 50%가 실제로 점심식사에 사용하는 시간은 15~30분에 불과하다고 한다. 그리고 이들 중 50%는 남는 시간에 주로 인터넷 서핑이나 게임을 한다고 한다.점심시간은 휴식과 사교 그리고 학습의 시간으로 활용할 수 있는 최적인 조건을 갖추고 있다.

오전에 한 일을 정리하라

점심시간을 활용하는 첫 번째 단추는 '오전의 것을 버리는 것'에서 출발한다. 보통 오전은 전날의 일과 그날의 일의 연계선상에서 이것저것 바쁘고 번잡하게 마련이다. 미팅이나 전화 통화, 업무보고 등에 관련해 어수선하게 늘어난 메모지, 우편물, 프린트 등 불필요한 것들을 찾아내 폐기처분하라. 책상 위가 깨끗해지는 것만으로도 오후 일과에 대한 준비가 착실히 되어 있음을 본인 스스로 확인할 수 있다.

비즈니스 타임

일주일에 2회 이상 친하지 않은 사람과 식사하라. 대부분의 직장인들은 같은 그룹과 식사를 하는 경우가 많다. 특히 여성들의 경우가 심한데 조직 안에서 폐쇄적인 집단의식은 성공에 전혀 도움이 되지 않는다. 일부러라도 폭넓은 사교성을 만들도록 훈련해야 한다.

가능하다면 한 달에 한두 번 정도 진행 가능한 오찬모임을 만들어라. 사내 인맥 형성 또는 동종업계 모임으로 만들면 좋다. 일종의 커뮤니티 활동이다. 사대문 안 맛집 투어라든가 제철메뉴 시식회, 레스토랑 런치코스 즐기기 등 테마와 이벤트를 계획하면 더 효과적이다. 비즈니스가 목적이라 하더라도 색다르고 신선한 기분을 느낄 수 있어 본인의 업무 집중에도 도움이 된다.

인맥관리를 위한 최적의 시간

인맥관리는 헤드워크(Head-work)→풋워크(Foot-work)→네트워크(Network)다. 전략적으로 움직여야 좋은 인맥을 만들 수 있다는 얘기이다. 지속적인 아이디어로 인지시키고 발품을 팔아 몸을 움직여 접근해야 한다. 그러나 직접 발품을 팔아 관리하는 것은 현실적으로 한계가 있고 다행히 지금은 온라인 인맥관리의 비중이 점점 높아지고 있다. 점심시간을 이용해 온라인 인맥을 관리하자.

가입한 온라인 커뮤니티에 날마다 하루 한 개의 업로드를 하는 것만으로도 충성도 높은 활동을 하는 것이 된다. 직장인으로서 하루에 한 가지 이상의 업로드란 쉬운 일은 아니다. 또 직장이나 비즈니스 관련 커뮤니티에 가입만 해놓고 활동을 하지 않는 유령회원으로 남아있는 경우도 많다. 그러나 필요에 의해 가입한 커뮤니티는 성실히 관리해야 한다.

게시판 등에서는 자신에게 온 질문에 대답하고 답 메일을 보낸다. 늦어도 피드백을 잊지 않는 당신에게 신뢰가 형성되고 커뮤니티의 중심으로 다가가는 발판이 될 수 있다.

비즈니스 메일을 보내라

비즈니스를 위한 안부 메일을 보내는 적절한 시간이 바로 점심 무렵이다. 보통 오전에 출근해 메일을 확인하기 때문에 업무 메일은 오전에 발송하는 경우가 많다. 그러나 오전에는 업무 메일 외에도 열어보지도 않고 삭제하는 스팸메일도 많이 쌓여있게 마련이다.

특별한 용건이 아닌 안부 메일이라면 차별화되기도 어렵고 단체 메일로 보낸 듯한 무성의한 느낌을 받게 된다. 점심시간이 지나 오후 업무를 시작하며 메일함을 여는 경우, 도착해 있는 안부메일은 나만을 위해 보내온 메일이라는 인상을 심어줄 수 있다.

함께 일하는 업체 직원의 업무메일은 언제나 날씨라든가 지난 주말의 일과, 오늘의 컨디션으로 시작한다. 사회 경험이 많지 않고 업무적으로 미숙하며 실수도 잦은 편이지만 그런 그의 메일을 받으면 어쩐지 동화되어 도와주고 싶고 이해하려 하게 된다.

비즈니스 메일에 점심시간에 필요한 콘텐츠나 정보를 삽입하면 효과적이다. 예를 들어 "오늘 점심에는 설렁탕을 먹었어요. 줄을 서는 게 좀 번거롭기는 했지만 뜨끈한 국물이 들어가니 쌀쌀한 날씨에 몸이 확 풀리는 것 같던 걸요. 내일도 춥다 하니 뜨거운 국물이나 탕요리 한번 드셔보세요"라든가 "○○에 새로 문 연 식당 가보셨어요? 우동이 아주 맛있던 걸요. 시간 되시면 꼭 한번 가보세요"라는 내용을 첨가해보자. 당신의 애티튜드는 상대방에게 확실하게 전달될 것이다.

점심시간의 학습과 독서는 쉽고 재미있게

20~30분 정도의 짧은 시간을 활용한 학습이나 독서는 어렵고 집중력을 요하는 것이면 실패할 확률이 크다. 또 식후의 나른함과 노

곤함이 있을 수 있어 가급적 쉽고 재미있는 것을 고르고 대신 폭넓게 섭렵하고 반복하며 끝까지 실행에 옮기는 것을 목적으로 한다.

출퇴근시 책을 들고 다니면서도 한 권을 다 읽는 것이 힘들고 진도가 잘 나가지 않는다면 점심시간용 책을 하나 더 준비해 두 권을 갖고 다니면 효과적이다. 출근용과 점심시간용을 구분하는 것. 점심시간에는 보다 쉽고 재미있는 책으로 한다. 리프레시 효과가 있다.

책과 학습 외에 디지털타임으로 활용해도 좋다. 디지털 카메라, 넷북, 스마트폰 등 최신 디지털 기기를 접하고 싶은데 막상 배우고 공부하기가 부담스러운 사람에게 좋다. 주변에 도움을 줄 수 있는 사람이 늘 있기 때문에 더 효과적이다.

놀고 쉬고 자라

대화에는 놀라운 힘이 있다. 대화를 하는 동안 에너지가 솟아나고 피로가 회복되는 경험은 누구나 갖고 있다. 특히 여자들은 대화를 통한 치유효과가 크다. 상사의 눈에 띄지만 않는다면 휴대폰을 들고 옥상이든 휴게실이든 편안한 대상과 오래도록 수다를 떨 수 있는 장소로 가라.

낮잠을 자는 것도 좋다. 짧은 숙면은 건강과 업무집중력에 도움이 된다. 시간이 늘 부족한 직장인이라면 밤잠을 짧게 자고 낮잠으로 보충하도록 한다. 하루 세 시간만 잤다는 나폴레옹도 낮잠 마니아였으며 시간을 조각조각 알뜰하게 활용하도록 주장하는 벤자민 플랭클린도 날마다 낮잠을 즐겼다.

건강을 위해서라면 하루 20분의 파워워킹만한 것도 없다. 특히 지적인 노동을 하는 사람일수록 의도적으로 걸어야 한다. 걷기가 두뇌 휴식의 가장 좋은 방법이라는 사실은 이미 의학적으로도 검증됐다. 하체를 많이 움직일수록 두뇌 활동은 활발해진다.

먼 곳을 식사 장소로 정하는 것도 한 방법이다. 20분 정도 보폭을 넓게 빨리 하여 걸어 당도할만한 곳에서 식사를 하고 다시 회사로 돌아오는 것으로 충분하다.

점심(點心)은 한자어의 뜻 그대로 마음에 점을 찍는 시간이다. 마지막 5분, 양치질 다음으로 자신을 위한 경구나 조언을 복기하는 시간으로 자투리를 사용해 오후 업무의 준비 태세를 갖추자. 그리고 '뜻하면 이루어진다'는 피그말리온 효과를 경험하자.

퇴근과 동시에
두 번째 하루가 시작된다

인간은 이성적인 동물이다. 이 말은 반대로 감성의 동물인 인간이 동물 그 이상의 무엇이 되기 위해서는 이성이 필요하다는 말로 해석할 수도 있다.

바쁜 하루 속에서 사실 이성의 힘은 그다지 큰 역할을 발휘하지 못한다. 우리는 이성보다는 본능에 더 충실하다. 우리의 행동 속에 포함된 인간 본연의 행동들은 이성이라기보다는 철저히 교육된 '습관'의 힘일 가능성이 크다. 따라서 우리가 보다 이성적이 되기 위해서는 잠시라도 자신을 깊이 되돌아보고 반성하는 시간을 가져야 한다.

사람들 중에는 사물 속에 있는 본질의 절반도 결코 보지 못하는 사람들이 있다. 더욱이 이들은 이성적으로 판단하고자 하는 노력도 미미해서 자신에게 돌아오는 피해나 이로운 점까지도 이해하지 못하고, 결국 대수롭지 않은 일에도 큰 가치를 두고, 반대로 중요한 일은 경시하는 등 항상 거꾸로 생각해 일을 그르치는 경우가 많다.

하지만 이성적인 사람들은 매사에 한 걸음 물러나서 생각하는 경향이 있다. 그들은 가치 있는 것을 발견할 전망이 있으면 더욱더 몰두하고 깊이 파고들어간다. 그들은 분명히 알고 있다. 지금 자신이 느끼고 있는 가치보다 더욱 많은 보석 같은 가치들이 숨겨져 있다는 사실을.

하루의 고된 일과를 끝내고 난 퇴근길. 나는 당신에게 한 번 더 힘을 내 이성적으로 판단하라고 말하고 싶다. 열심히 그날의 양식을 마련한 뒤 집으로 돌아오는 길, 붉게 낙조가 깔리는 차창 밖의 하늘을 보며 차분히 자신을 되돌아보라고 부탁하고 싶다. 물론 석간신문을 읽는 쪽을 선택한다고 해도 나쁘지는 않다. 그러나 신문을 읽기보다는 잠시라도 자신을 되돌아봤으면 한다.

하루 종일 직장생활을 아무리 열심히 했더라도 퇴근 후가 엉망이면 하루가 제대로 마무리되지 않는다.

그렇다. 퇴근 후가 중요하다. 퇴근과 동시에 감성적으로 돌변해 다잡은 마음을 풀지 말고 이성적으로 생각하고 반성하라.

퇴근을 제2의 하루가 시작되는 출근이라고 역발상하라!

아침 출근길 30분에 하루를 계획하듯, 퇴근길 30분에도 하루를

계획하라. 이성의 끈을 다잡고 외적 하루를 마무리하며 내적 하루
를 시작하라.

퇴근 후 3시간에 주목하라

날마다 늘어가는 지친 업무와 점점 더 엄습해 오는 미래에 대한 불안감은 '희망을 찾을 것인가', 아니면 '포기와 좌절로 머무를 것인가' 하는 극단적인 결론으로 우리를 치닫게 한다. 하지만 아무리 세상이 힘들고 어려워도 인간은 근본적으로 그것을 헤쳐가려는 속성을 갖고 있다. 그리고 그 극복의 과정을 얼마나 현명하고 지혜롭게 이겨낼 것인가를 삶의 화두로 내세우는데 아무도 주저하지 않는다.

날마다 마음을 다잡으며, 새벽 운동이나 외국어 학원 수강증을 끊어 계획을 세우지만 작심삼일을 넘기기가 힘들다. 이미 야행성이 되어버린 현대인의 라이프 스타일 속에서 지친 몸과 마음을 날마다 이른 아침의 자명종 시계 소리에 맞추기에는 아무래도 힘겹다.

그런데 여기, 우리가 인식하지 못하고 있는 사이에 조용히 파묻혀 버려지고 있는 시간이 있다. 늘 가까이 있으면서도 그것을 소비할 줄만 알았지, 어떻게 활용할 것인가를 진지하게 고민하지 못했던, 우리 인생의 최대자원이 바로 그 시간이다.

아무리 야근이 많고 출퇴근 시간이 길더라도 의지를 갖고 찾아보면 하루에 3시간은 얼마든지 확보할 수 있다. 전략적인 발상만 있으면 자투리 시간만으로도 당신의 인생을 바꾸는 충분한 자원이 되는 것이다.

오후 6시. 당신은 얼굴에 피곤이 한가득 몰린 채 서둘러 사무실을 빠져나온다. 책상 위에 서류가 어지럽게 널려 있건, 할 일이 남았건 상관하지 않는다. 그런데 아침과 달리 어깨에 걸친 가방은 이상하게 자꾸만 흘러내린다.

피곤에 축 처진 어깨로 퇴근하며, 당신은 의식적으로든 무의식적으로든 피로감이 더해 간다. 집에 도착하면 무조건 쉬고 싶다는 생각밖에, 다른 생각은 전혀 들지 않는다.

결국 집에 도착하면 아내가 따뜻하게 지은 밥을 허겁지겁 먹은 후 소파에 드러누워 반쯤 감긴 눈으로 텔레비전을 본다.

"밥 먹고 바로 드러누우면 어떡해?"

아내는 해가 갈수록 느는 당신의 뱃살에 걱정을 쏟아낸다. 건강에 신경을 써야 한다는 것을 알면서도 몸은 한없이 아래로 꺼져든다. 아내의 성화에 결국 아이들의 공부를 잠깐 봐주고, 같이 놀아주고, 화살처럼 획획 눈앞을 스쳐 사라지는 텔레비전 화면을 멍하니 바라볼 뿐이다. 그러고는 12시를 가리키는 벽시계를 보곤 부스스 일어나 안방으로 들어가 잠 속으로 빠져든다.

퇴근 후 여섯 시간. 그 긴 시간이 마치 꿈이나 마법처럼 순식간에 지나가고 만다. 당신은 내가 자꾸만 당신을 걸고넘어진다고 화를 낼 수도 있다.

"뭐라 말해도 상관없어요. 나는 지쳤소. 퇴근하고 또 뭘 하라는 거요? 보고 싶은 친구도 만날 수 있는 것이고, 텔레비전을 보다가 잘 수도 있는 것이지. 일어나서 잠자리에 들기 전까지 긴장만 하고 살면 어디 그게 사람이요? 기계지."

그러나 만약 당신이 젊고 아름다운 아가씨와 데이트 약속이 있다고 가정해보자. 퇴근에 맞춰 옷차림을 단정히 하고 부지런히 약속 장소로 갈 것이다. 데이트가 길어지면 5시간 정도는 바짝 긴장한 채로 보낼 게 틀림없다. 아가씨를 집에 데려다주고 집으로 돌아오면 긴장이 풀리면서 피로가 물밀 듯이 밀려올 것이다. 그러나 이상하게도 데이트를 하던 5시간 동안만큼은 피로감이 전혀 들지 않았다는 것을 떠올려보라. 대신 아름다운 아가씨와 함께 했던 저녁이 얼마나 즐거웠던지(혹은 잠깐 사이에 어떻게 시간이 흘러버렸는지) 만족감에 빠질 것이다.

매일 저녁 6시만 되면 엄습하는 피곤은 정말 피곤한 것이 아니다. 생각만 바꿔도 최소한 저녁 3시간은 여유를 가질 수 있다. 당신이 매일 저녁 3시간을 지적 에너지를 소진하는 일에 사용하라고 말하진 않겠다. 대신 하루걸러 하루씩 1시간 30분 동안, 당신의 정신이 고양되는 의미 있는 일을 해보면 어떨까.

그렇게 3일을 보내도 3일의 저녁이 남는다. 그 시간은 친구를 만날 수도 있고, 카드 게임이나 운동을 할 수도 있다. 아니면 가사에 지친 아내를 위해 설거지를 도울 수도 있다. 만약 참을성 있게 꾸준히 반복한다면 3일이 4일, 4일이 5일로 늘어나며 매일 저녁을 계속 일에 몰두하고 싶은 마음이 절로 생길 것이다.

처음에는 주3회 밤 1시간 30분을 일주일 중의 가장 중요한 시간이 되도록 노력하자. 이 90분은 신성한 시간이 되어야만 한다는 것을 기억하라. "미안한데 테니스 클럽에 가야 돼서 너를 만날 수 없어."라고 친구에게 말하기보다 "공부해야 돼!"라고 자신 있게 말하자.

퇴근 후 생기는 자유시간을 계산하라

식사, 목욕, 세탁, 청소 등 의무적으로 사용되는 시간을 제외하고 퇴근 후 내가 자유롭게 쓸 수 있는 시간이 어느 정도인지 파악하라. 퇴근 후 계획은 거기에서부터 시작된다. 그런 뒤 퇴근 후 나만의 시간으로 3시간을 확보하라.

퇴근하는 시간 자체도 살려라

퇴근 후 자유롭게 쓸 수 있는 3시간을 확보하기 어려운 사람도 있을 것이다. 특히 출퇴근 시간이 오래 걸리는 도시인들은 꽉 막힌 도로에서 1시간을 버리기도 한다. 하지만 이 시간을 나의 '퇴근 후 3시간' 안에 포함시키고 책이나 MP3 등을 이용해 공부를 하거나 취미를 즐기는 나만의 시간으로 살려보자. 짧은 시간 안에 제한된 공간에서 무엇을 할 것인가를 좀 더 치밀하게 계획해보자.

그냥 걷지 말고 관찰하라

퇴근할 때 단지 걷는 것이 아니라, 주의 깊게 사물을 관찰하면서 걷는다면 새삼 눈에 띄는 풍경이 많다. 배움을 제공하는 '꺼리'는 곳곳에 널려 있으니 매일 다니는 길이라도 다시 한 번 유심히 살펴보자. 미처 인식하지 못하고 있는 세상의 변화와 흐름이 보일 것이다. 예를 들면 도처에 널린 편의점에서는 상품 배치에 따라 경제의 흐름이 보이기도 한다.

하루의 마감은 책과 함께 하라

지하철이나 버스에서 책을 읽는 모습은 이젠 낯선 풍경이 되었다. 대부분의 스마트폰 세대들은 휴대폰을 만지작거리며 시간을 보낸다. 첨단 기기를 통해 대화하거나 최신 정보를 검색 중이라고 항변할 수도 있다. 그러나 아무리 인터넷이 발달해도 책의 중요성은 백 번 강조해도 부족함이 없다.

문화체육관광부 2010년 국민독서실태조사에 따르면 1년에 책을 한 권도 읽지 않은 성인은 10명 중 3.5명으로 나타났다. 그만큼 책을 읽지 않는 것이다.

인터넷의 장점은 원하는 정보를 빨리 얻을 수 있다는 것이다. 그러나 인터넷에 의한 정보는 음식에 비유하면 편식할 확률이 매우 높다. 사람은 자신이 관심 갖는 분야만 선택해 정보를 취득하는 경우가 많기 때문이다.

책에는 우리가 지금까지 알지 못했던 새로운 지식과 정보가 있다. 독서는 미처 몰랐던 것을 습득하는 과정이며 삶의 지침서 역할을 한다. 책은 졸업과 동시에 놓는 것이 아니라 더 의지해야 할 도구다.

또 책을 통해 작가의 인품을 접한다. 시를 통해 시인의 숨결을 느끼고 소설을 읽으며 수많은 등장인물과 만난다. 이를 통해 우리는 여러 가지 감동의 즐거움을 얻는다.

전 마이크로소프트 회장인 빌 게이츠는 "오늘의 나를 있게 한 것은 우리 마을 도서관이었고, 하버드 졸업장보다 소중한 것은 독서하는 습관"이라고 했다. 또 노벨문학상을 수상한 『노인과 바다』의 작가 어니스트 헤밍웨이 역시 "책 한 줄이 인생의 획을 바로잡아주는 중요한 방향타가 될 수 있다"며 책읽기를 권했다.

그렇다면 우리는 왜 이렇게 책을 읽지 않는가. 정말 시간이 없어서 책을 읽지 못하는가.

책 읽을 시간을 못 낼 정도로 바쁠 수도 있다. 그러나 매일같이 바쁘다는 것은 새빨간 거짓말이다. 통계를 살펴보아도 바쁜 사람일수록 오히려 책을 더 많이 읽는다. 우리나라 사람들이 책을 읽지 않는 큰 이유는 무엇보다 책에 대한 부담감 때문이다. 뭔가 어렵고 지식이 꽉 들어찬 책이라야 책답다고 착각하고 있는 것이다.

"독서가 꼭 필요하다는 것은 알겠는데 권장도서를 읽어 볼라치면 너무 두껍고, 읽어도 당최 무슨 내용인지를 모르겠고……."

만약 위와 같은 생각을 가지고 있다면 독서 강박증을 의심해봐야
한다.

당신은 요즘 무슨 책을 읽고 있는가?

예를 들어 소설을 읽고 있다고 가정해보자. 소설은 사고력과 논
리력을 요구하는 독서에 포함되지는 않는다. 따라서 문학 전공자가
아님에도 불구하고 매주 세 번씩 90분 동안 찰스 디킨스의 작품을
철저하게 연구하려고 결심했다면 일찌감치 계획을 변경하는 것이
좋다. 소설이 사고가 필요하지 않은 천박한 대상이라고 치부하는
것은 결코 아니다. 소설은 마음의 양식을 위해서는 반드시 필요한
장르이다. 내가 강조하고 싶은 것은 유명하다는 세간의 평 때문에
정작 제대로 이해할 수도 없으면서도 꾸벅꾸벅 졸며 지루하게 읽고
있는 것을 두고 하는 말이다. 물론 이해하기 어려운 책을 무조건 읽
지 말라는 뜻도 아니다.

좋은 소설은 억지로 노력하지 않더라도 돛단배를 타고 경치 좋은
계곡을 시원스럽게 흘러내려가는 것처럼 마지막까지 단숨에 읽게
만드는 책이다. 아무리 두꺼운 책을 읽어도 정신적으로도 육체적으
로도 전혀 피곤하지 않다. 마지막 장을 넘길 때면 짙은 아쉬움에 몇
번 더 책을 들춰보게 하는, 정신적으로 무언가 한 가지를 끝냈다는
성취감과 함께 조금이나마 성숙해졌다는 쾌감까지 더불어 느낄 수
있다.

소설뿐만이 아니다. 최고의 책이란 이해하려고 머리를 싸매고 노

력하지 않아도 쉽게 와 닿는 책을 말한다. 무조건 유명하다거나 어려운 책을 읽어야 능력이 높아지는 것은 결코 아니다. 실제보다 겉모양에 치중한 독서는 자칫 당신을 독서 강박증 환자로 만들 가능성이 크다.

사물의 내면을 들여다보는 사람은 적고, 겉모양만 신경 쓰는 사람들이 많은 요즘, 두 눈을 크게 떠 겉모습에 현혹되지 말고 알맹이를 찾아라. 일상에서 벌어지는 대부분의 일들은 그 겉모양과 내면이 판이하게 다른 경우가 허다하다. 겉모양을 꿰뚫어 내면에 다가가면 착각은 사라지게 마련이다. 마찬가지로 남들이 좋다는 책이 당신에게 반드시 좋을 수는 없다. 도무지 알 수 없는 책을 붙들고 씨름하느니 진정으로 가슴으로 다가오는 책을 읽어라. 겉모양이 과대포장으로 치장된 것보다는 실질적으로 도움을 줄 수 있는 책에 매달리는 것이 현명한 독서 방법이다.

책을 읽으며 지식을 쌓거나 지혜를 얻어야 한다는 강박관념과 부담감을 버리고 그저 편안하게 쉴 수 있는 여유를 찾기 위해 책을 집어 들어라. 무엇보다 책을 읽는 것은 여유 있게 쉬는 것이란 생각이 우선 필요하다.

우리가 책을 읽는 이유는 실로 다양하다. 재밌는 이야깃거리를 즐기기 위해, 다양한 정보를 얻기 위해, 혹은 지방 출장을 가며 열차 속에서 시간을 죽이기 위해⋯⋯. 그야말로 다양한 이유로 책을 읽는다. 그러나 가장 큰 이유는 책이 우리에게 깨달음을 주고 사색할 수 있는 놀라운 경험을 제공하기 때문이다.

누구나 한 번쯤은 책 속의 한 문장에 가슴이 울리거나 먹먹한 채로 머리가 번쩍하는 경험을 해보았을 것이다. 그를 통해 한동안 잊고 있던 삶의 의미를 되새기기도 했을 것이다.

책의 마지막 장을 덮던 아쉬운 마음으로 차분하게 세상을 바라보자. 이제까지와는 사뭇 다른 세상이 보일 것이다. 의도했든 의도하지 않았든 그 순간이 바로 반성과 성찰의 시간이다. 한 권의 양서가 인생을 변화시키는 놀라운 순간인 것이다. 단 한 권을 읽고 인생의 방향을 바꿨다며 자신 있게 말하는 이들이 바로 그런 경우이다. 하지만 보통의 사람들은 한 권 한 권 좋은 책들을 접하며 경험한 놀라운 순간들이 쌓여 인생이 변화한다.

독서는 나를 변화시킬 뿐만 아니라 타인을 변화시키는데 있어서도 최고의 방법이다.

다시, 새로운 시작을 위하여

삶을 재정비하는 법

초판 1쇄 인쇄 2011년 12월 21일
초판 1쇄 발행 2012년 1월 4일

지은이 전성민, 김원중
발행인 임채성
본부장 박태규
디자인 하로디자인

펴낸곳 리드잇
주소 서울시 마포구 동교동 165-8 LG팰리스빌딩 921호
전화 070-4119-6304 **팩스** 02)332-6306
메일 pacemaker386@gmail.com
출판등록 2011년 8월 30일(신고번호 제313-2011-243호)

ISBN 978-89-967191-1-3 13320